Step-by-Step
METHOD
to teach a child how to write

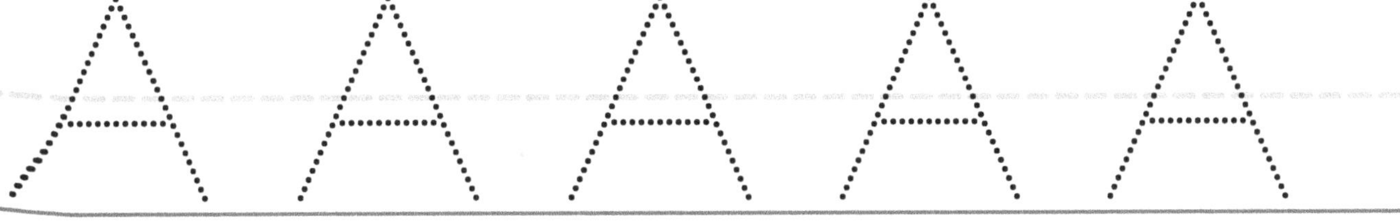

this book belongs to:

____

____

____

____

WELCOME!

Initially, it is ideal to start teaching handwriting with the use of kinesthesia and different medium such as in the air, shaving cream, sand with kids that are not sensitive to texture.

Ideally, handwriting can be taught on paper with the use of visual stimuli such as coloring shapes.

Let us start with the rudiments of writing the Capital letters and lower letters. In this booklet we will concentrate on the formation of capital letters using lines.

Directions: Practicing tracing the dotted lines to make simple lines, diagonals, and shapes.

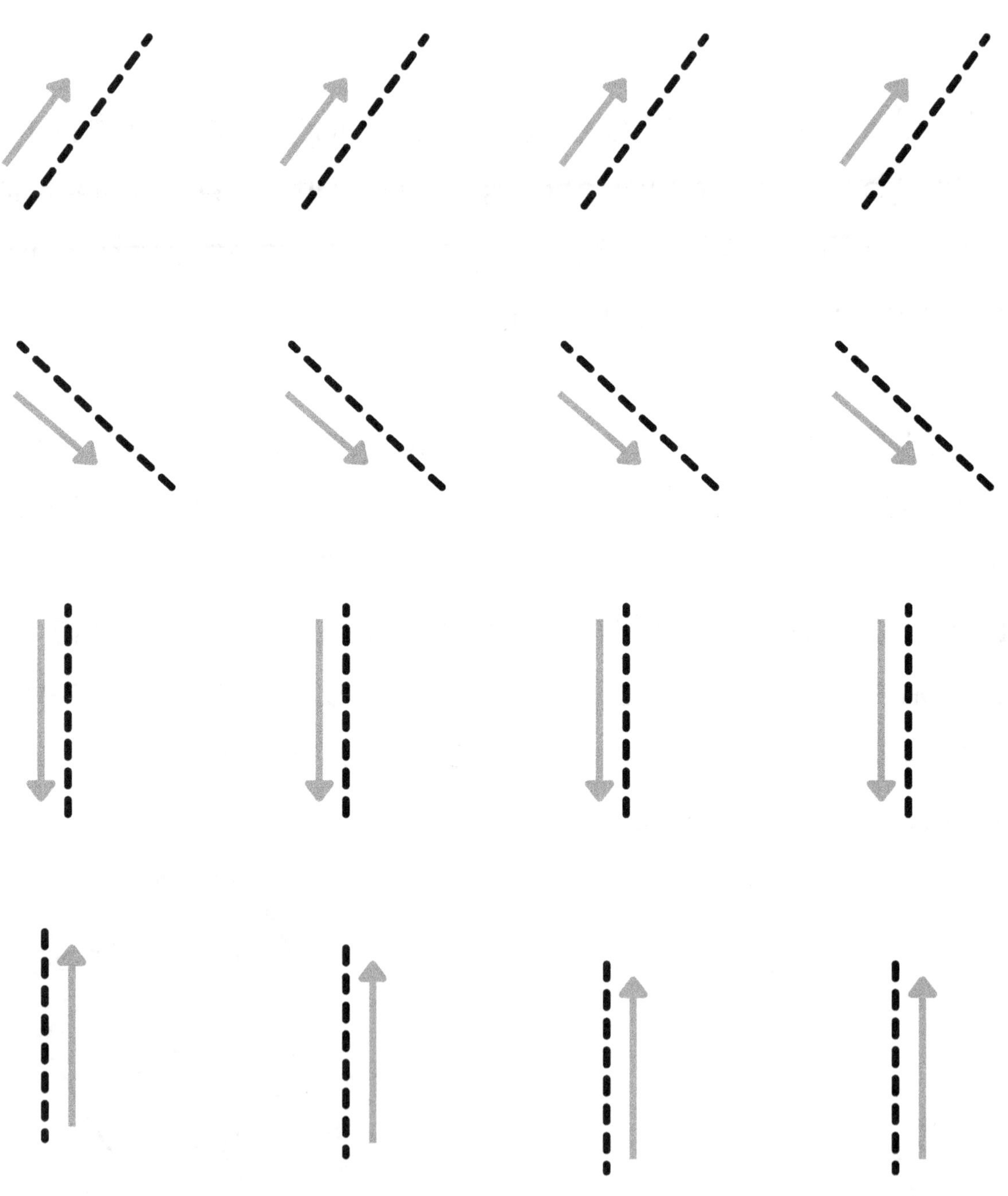

Directions: Practicing tracing the dotted lines to make simple lines, diagonals, and shapes.

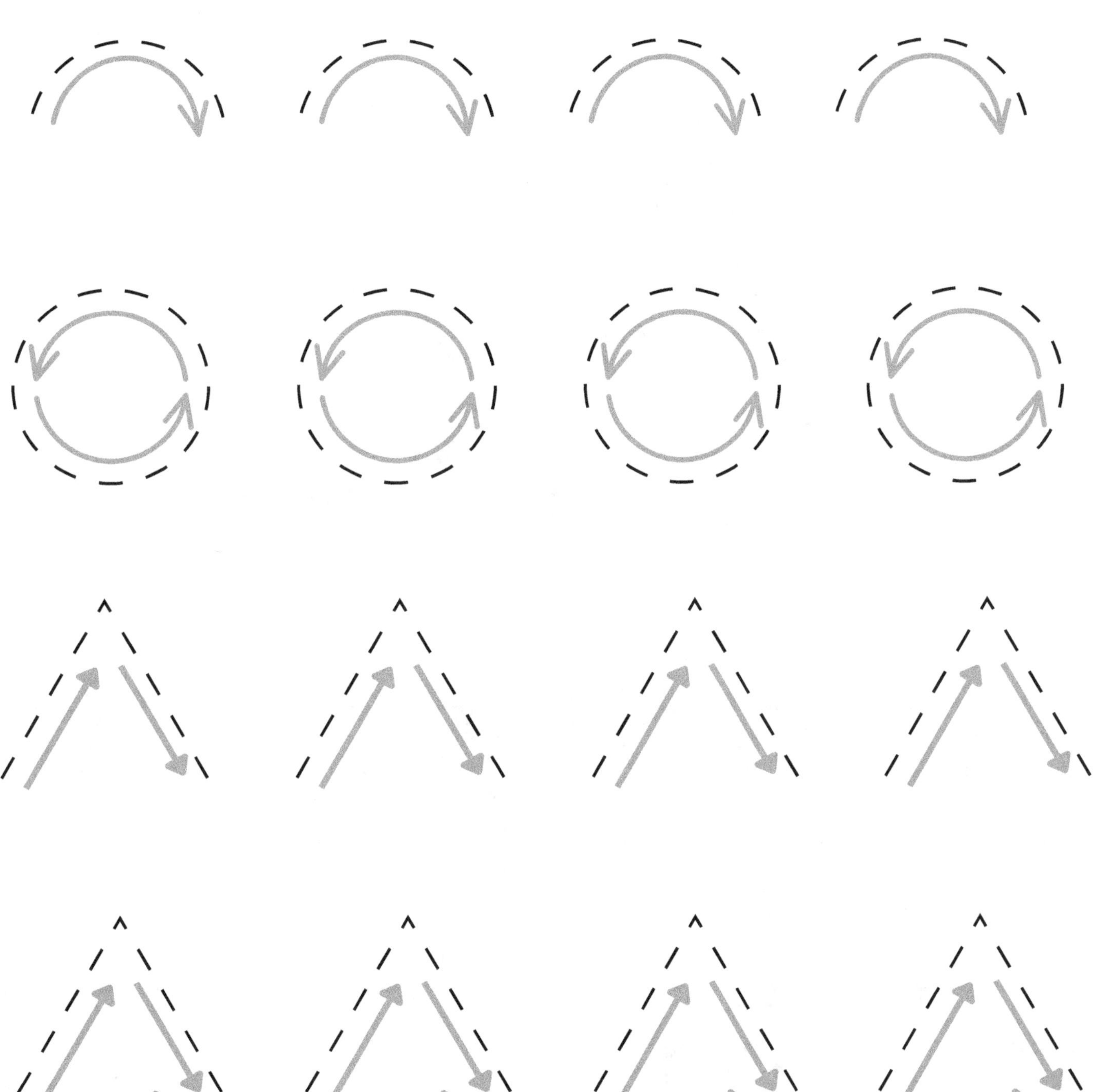

Name:_______________________________Score:_________

Directions: Practicing tracing the letter.

A A A A A A A

a a a a a a a

A

A

a

a

AaAaAaAaAaAaAa

Directions: Practicing tracing the letter.

*There are some letters that can be formed
beginning with the lowercase letters of 'l'
such as: b, h, k and t

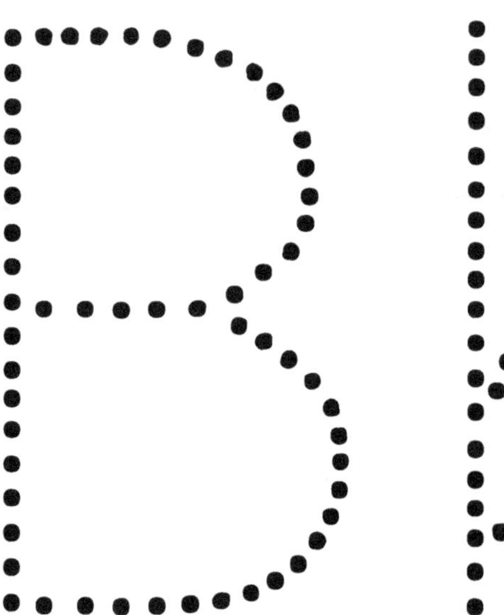

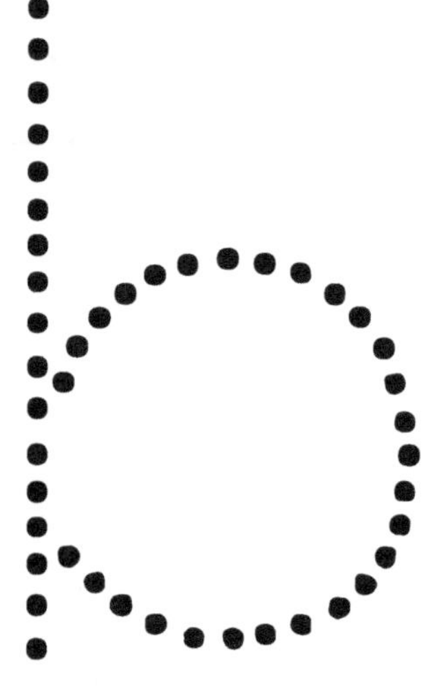

B

B

b

b

Bb Bb Bb Bb

Name:_______________________________________Score:__________

Directions: Practicing tracing the letter.

*There are some letters that can be formed
beginning with the lowercase letters of '**c**'
such as: d, g, & q*

C

C

C

C

Cc Cc Cc Cc

Directions: Practicing tracing the letter.

*There are some letters that can be formed
beginning with the lowercase letters of '**c**'
such as: d, g, & q

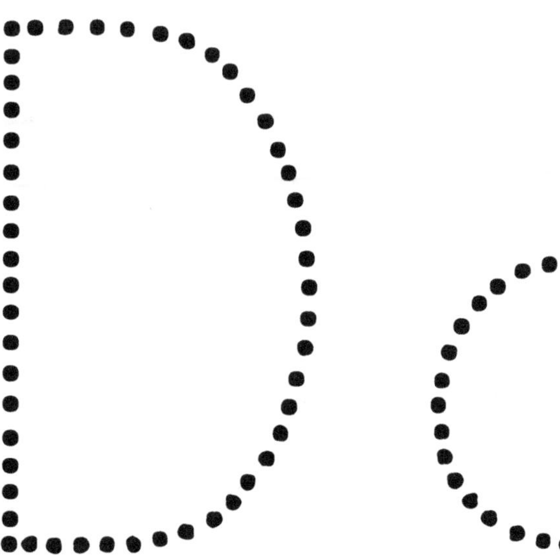

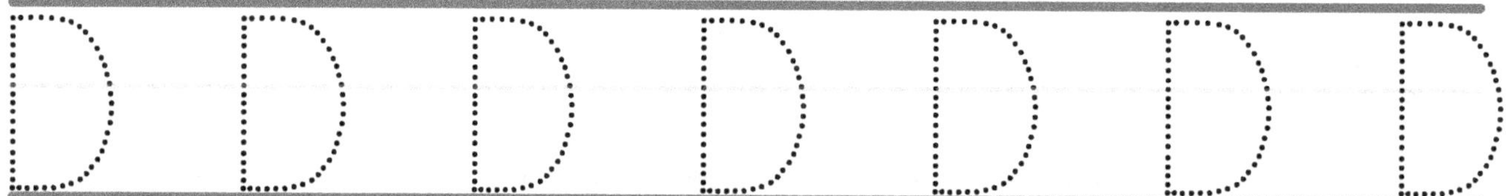

D

D

d

d

D d D d D d D d

Name:________________________________Score:________

Directions: Practicing tracing the letter.

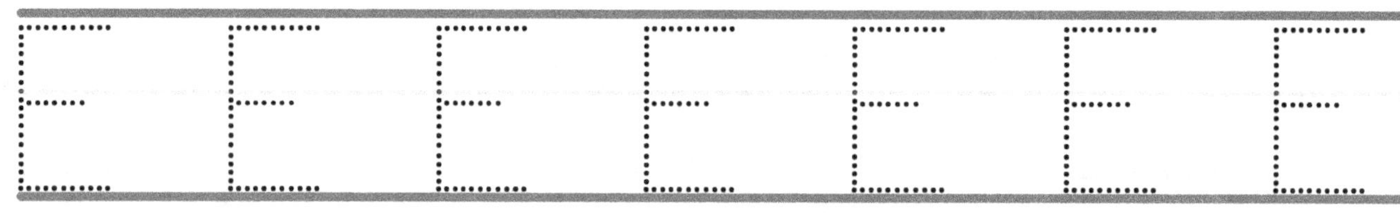

Name:_________________________________Score:________

Directions: Practicing tracing the letter.

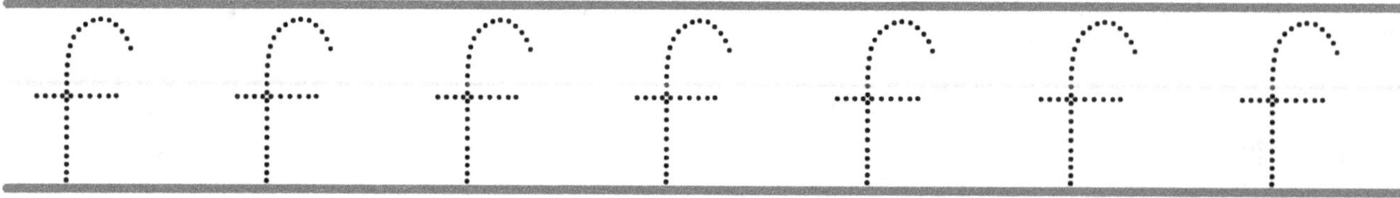

Directions: Practicing tracing the letter.

*There are some letters that can be formed beginning with the lowercase letters of '**c**' such as: d, g, & q*

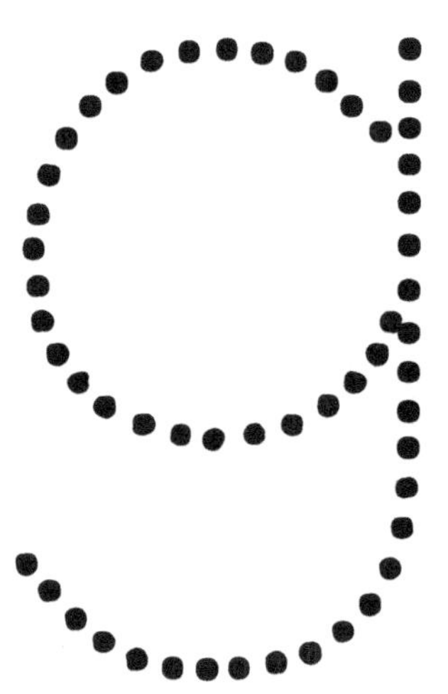

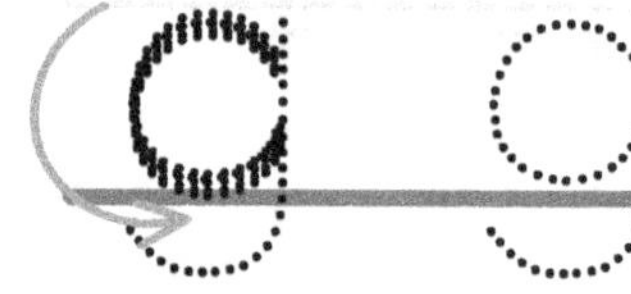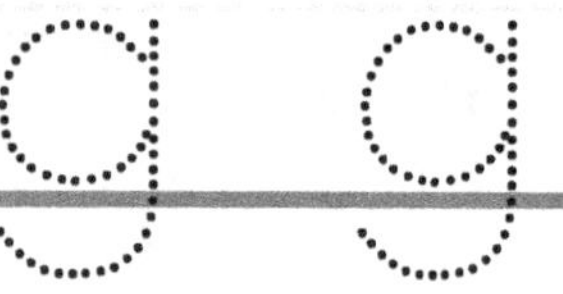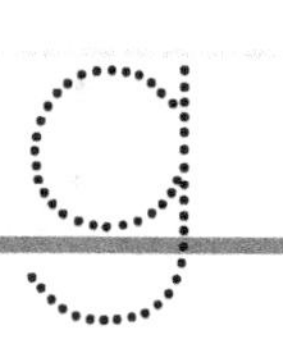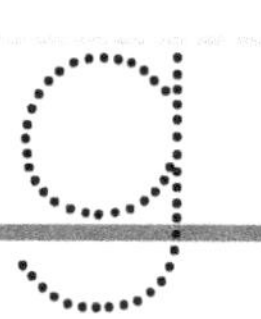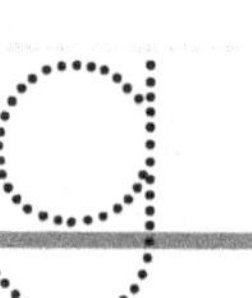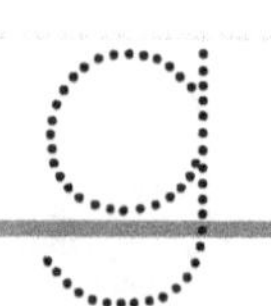

G

G

g

g

G g G g G g G g

Directions: Practicing tracing the letter.

*There are some letters that can be formed
beginning with the lowercase letters of 'l'
such as: b, h, k and t

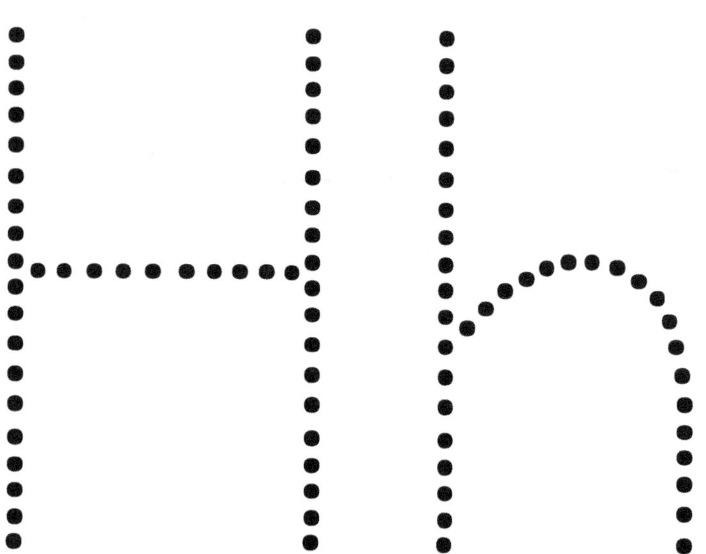

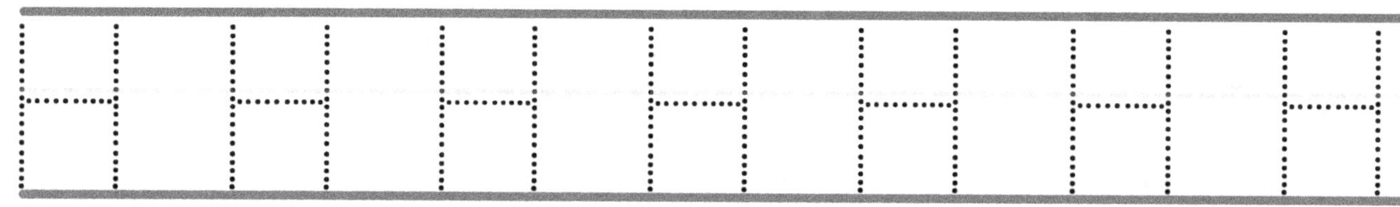

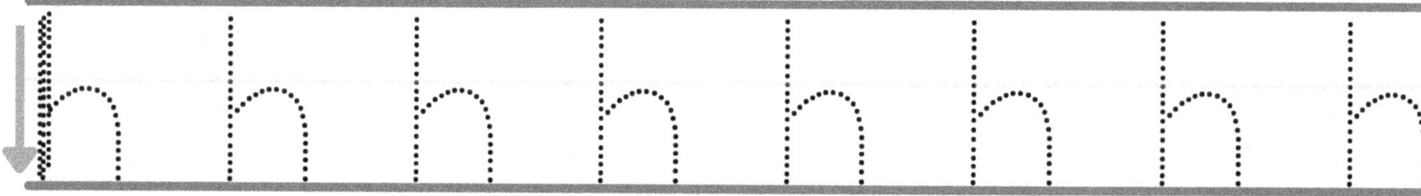

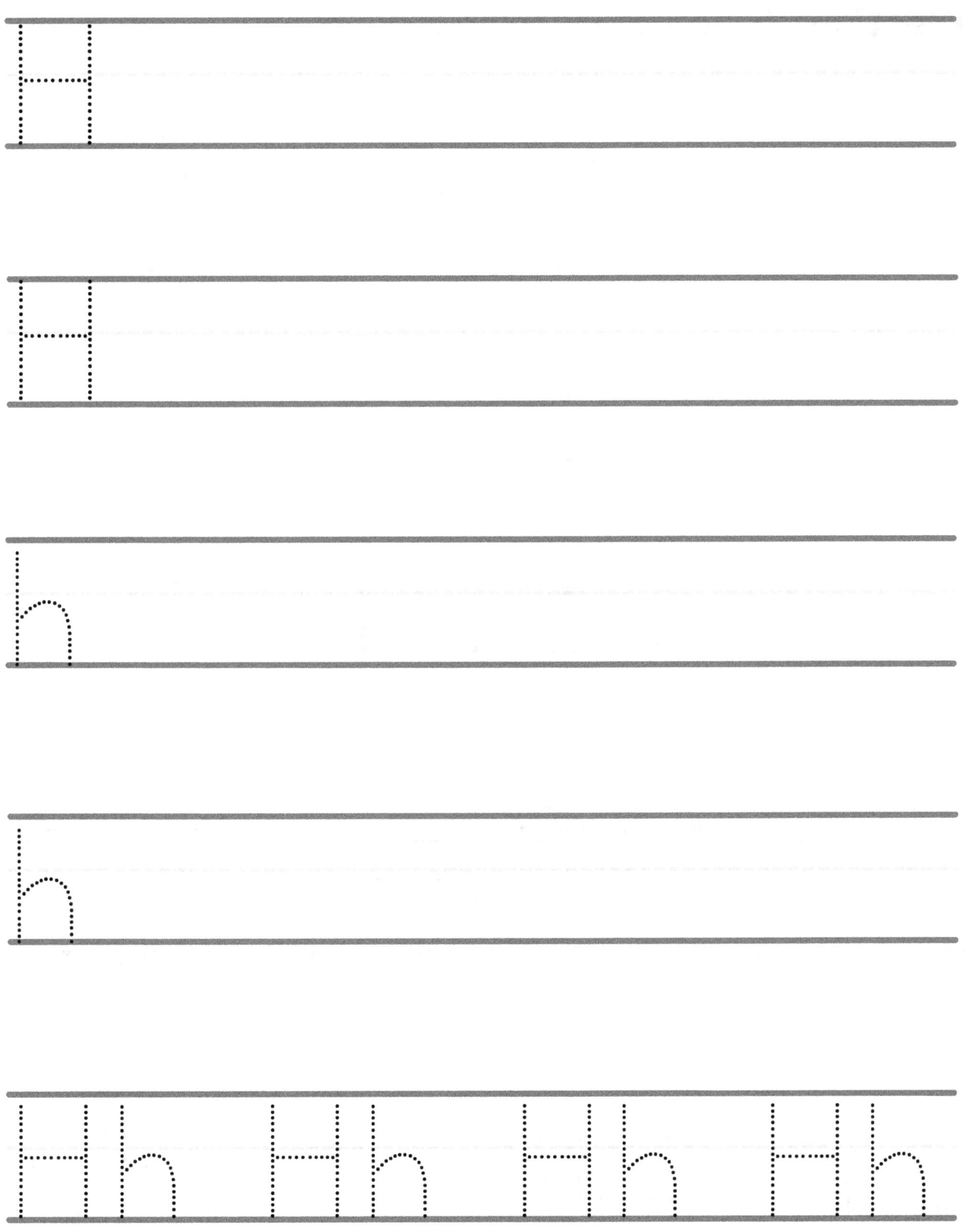

Name:_______________________________Score:__________

Directions: Practicing tracing the letter.

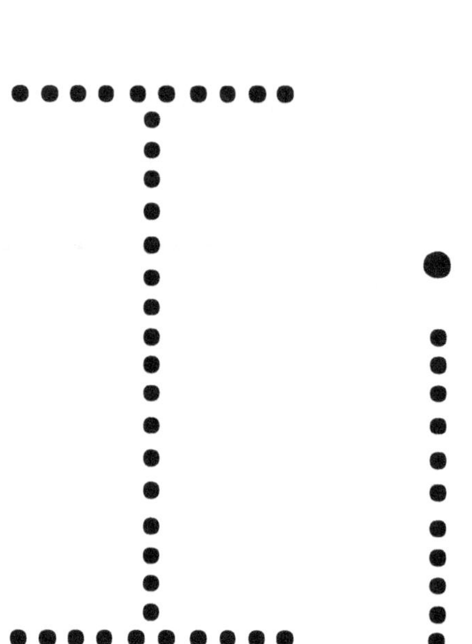

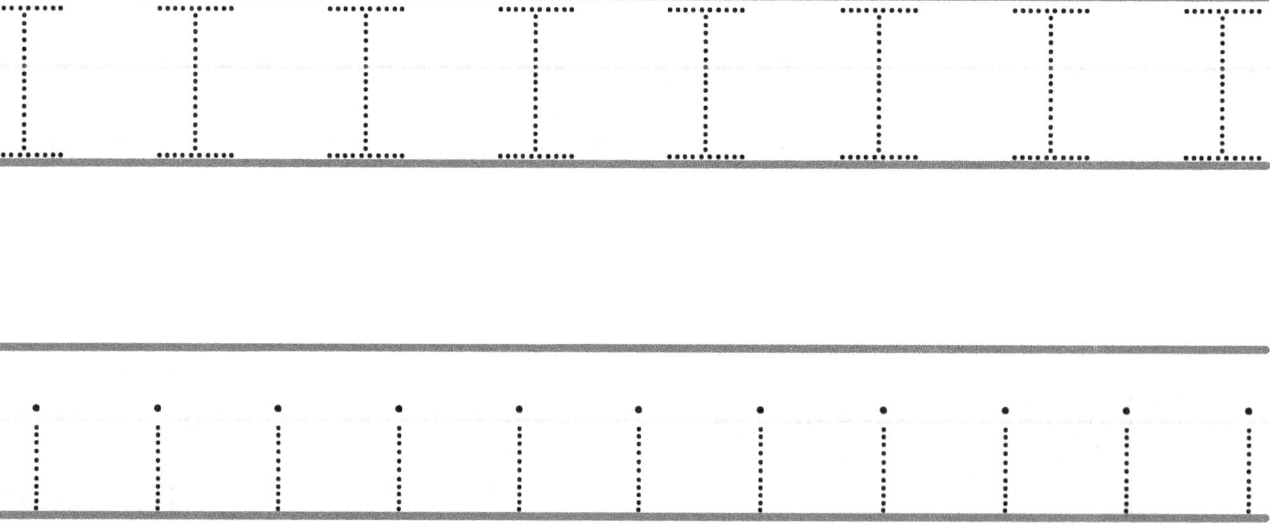

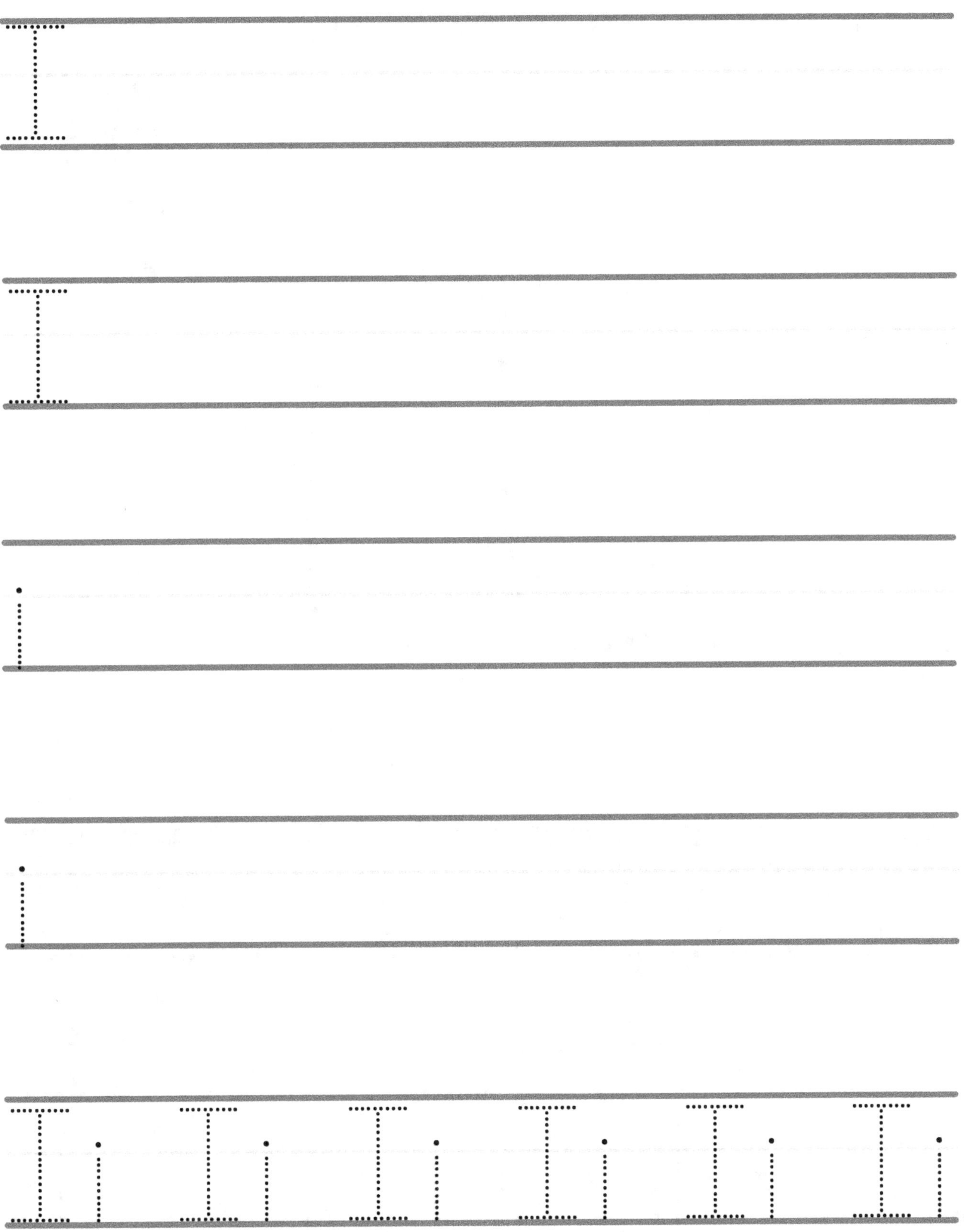

Directions: Practicing tracing the letter.

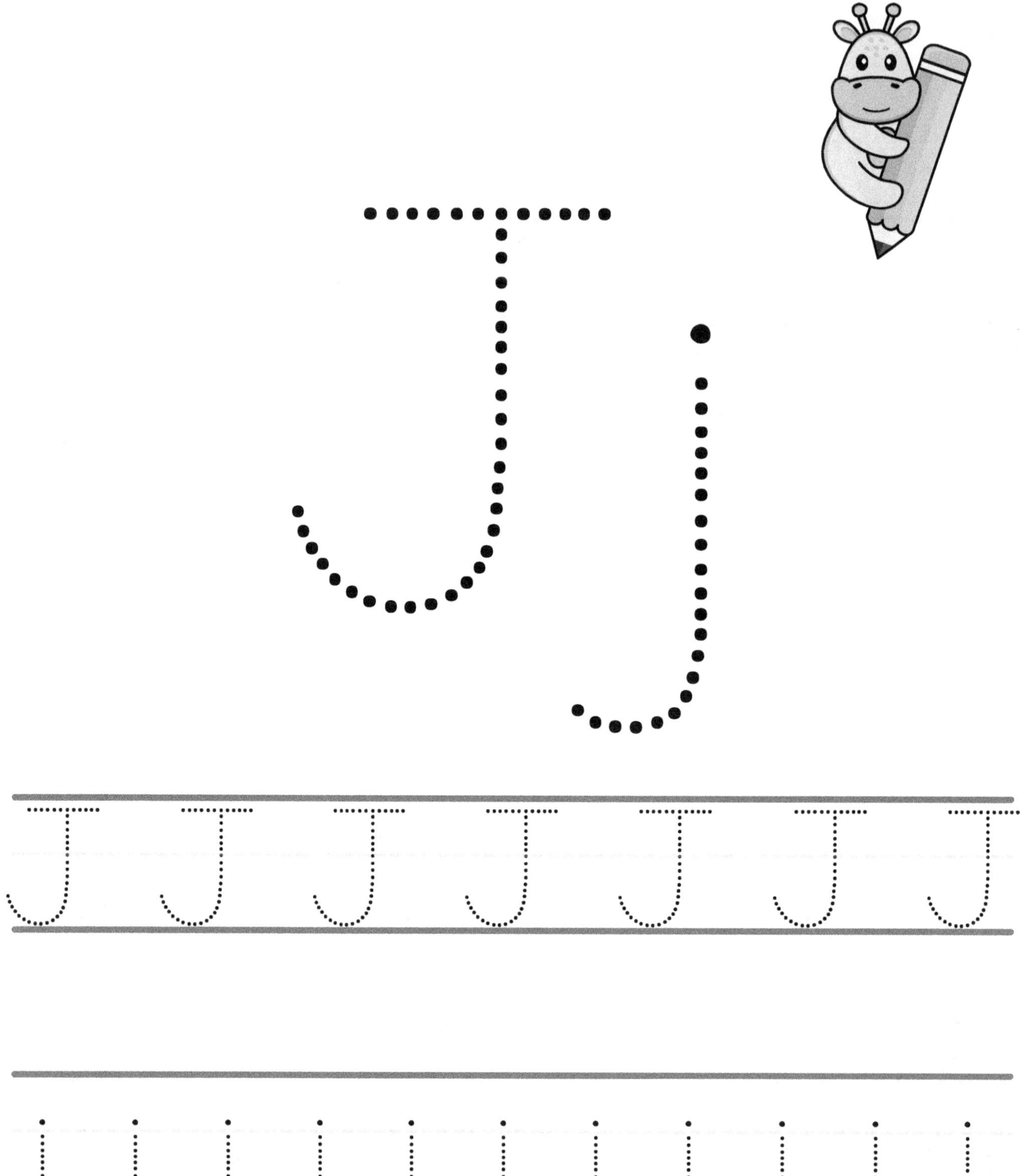

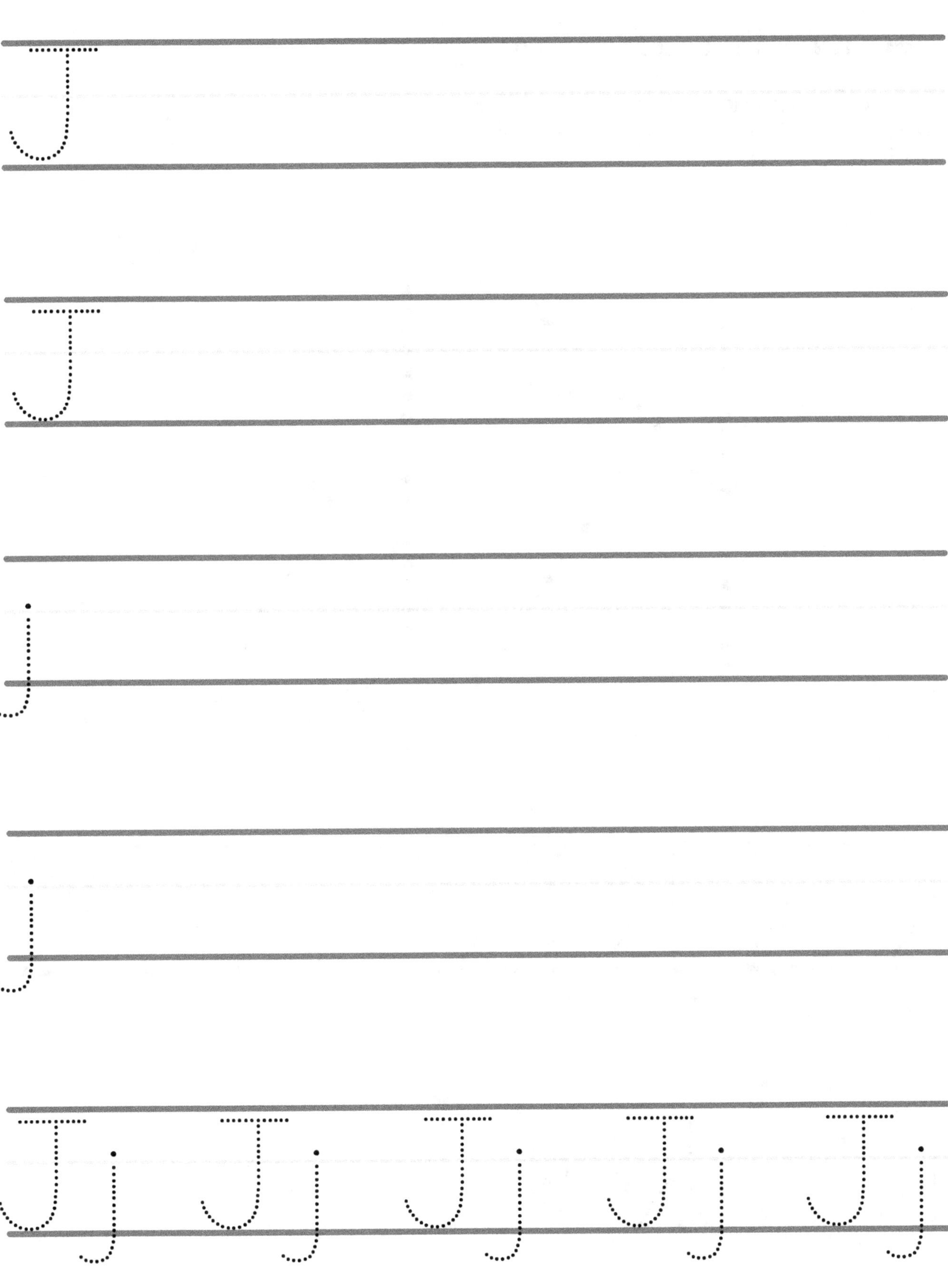

Directions: Practicing tracing the letter.

*There are some letters that can be formed
beginning with the lowercase letters of 'l'
such as: b, h, k and t

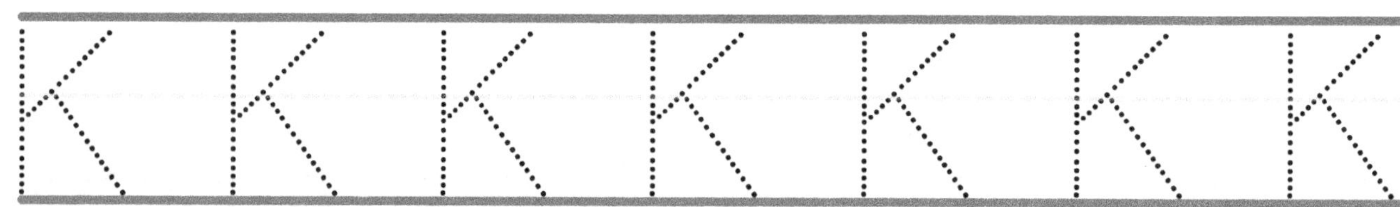

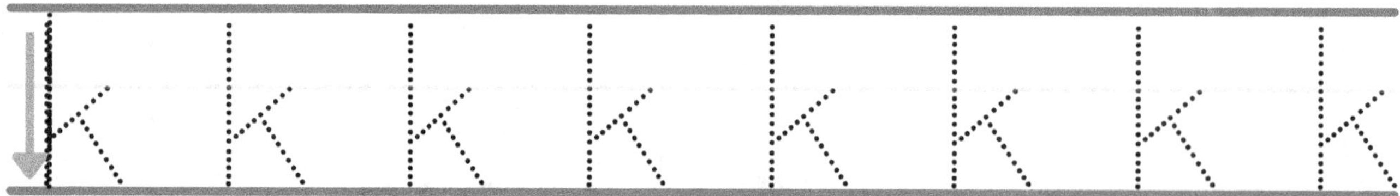

Directions: Practicing tracing the letter.

*There are some letters that can be formed
beginning with the lowercase letters of 'l'
such as: b, h, k and t

Name:_________________________________Score:_________

Directions: Practicing tracing the letter.

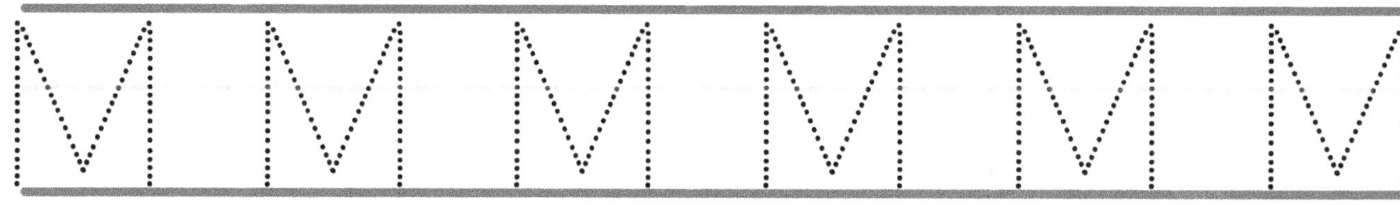

M

M

m

m

Mm Mm Mm Mm

Name:_______________________________ Score:________

Directions: Practicing tracing the letter.

N

N

n

n

Nn Nn Nn Nn

Name:________________________________Score:_______

Directions: Practicing tracing the letter.

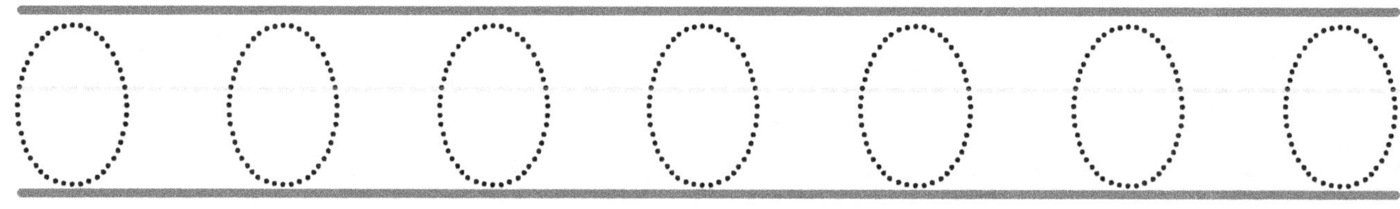

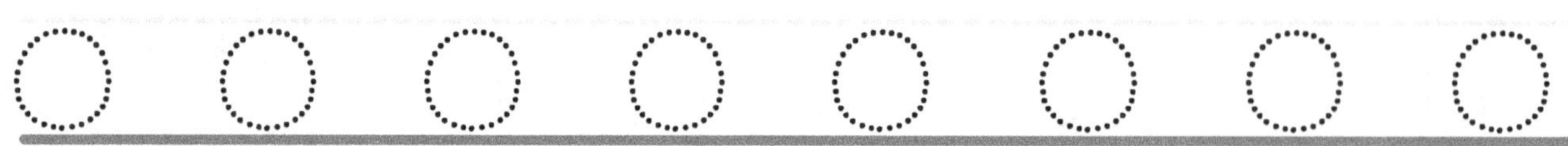

P

P

p

p

Pp Pp Pp Pp Pp

Directions: Practicing tracing the letter.

*There are some letters that can be formed
beginning with the lowercase letters of '**c**'
such as: d, g, & q*

Q

Q

q

q

Qq Qq Qq Qq

Name:_______________________________Score:_________

Directions: Practicing tracing the letter.

R R R R R R R

r r r r r r r r

R

R

r

r

R r   R r   R r   R r

Directions: Practicing tracing the letter.

S s

S S S S S S S

s s s s s s s

S

S

S

S

Ss Ss Ss Ss

Directions: Practicing tracing the letter.

*There are some letters that can be formed
beginning with the lowercase letters of 'l'
such as: b, h, k and t

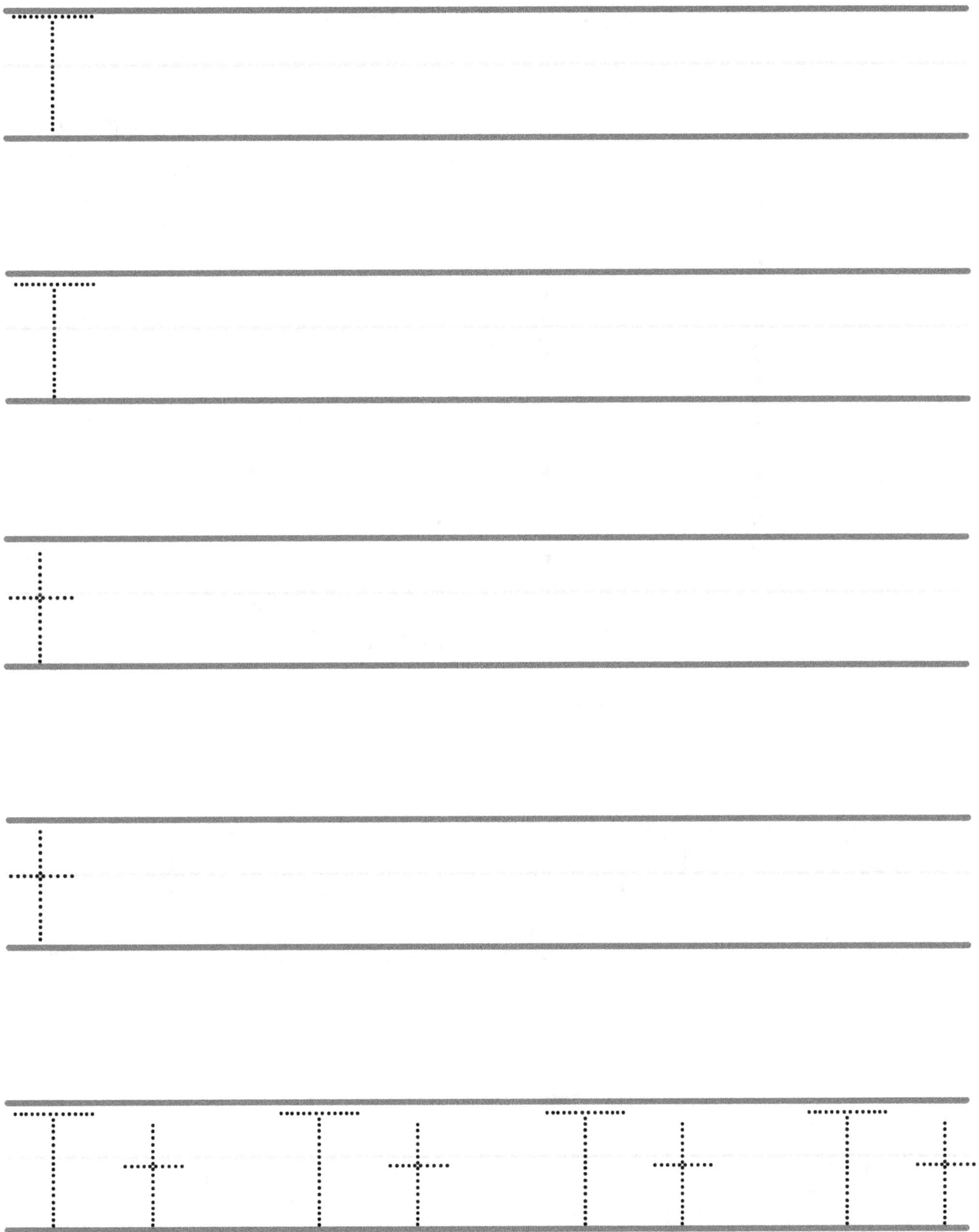

Name:_______________________________Score:_________

Directions: Practicing tracing the letter.

Directions: Practicing tracing the letter.

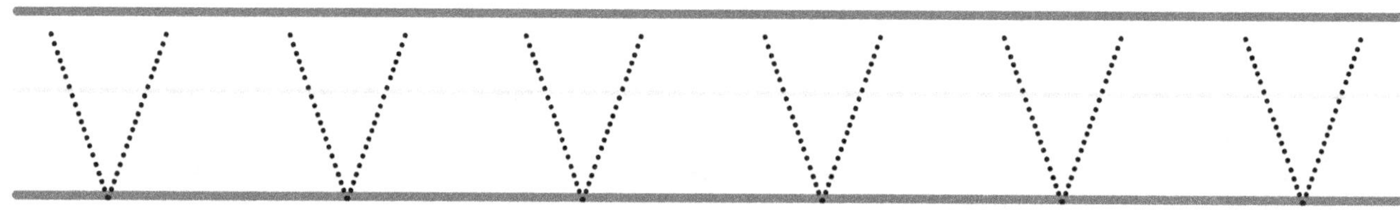

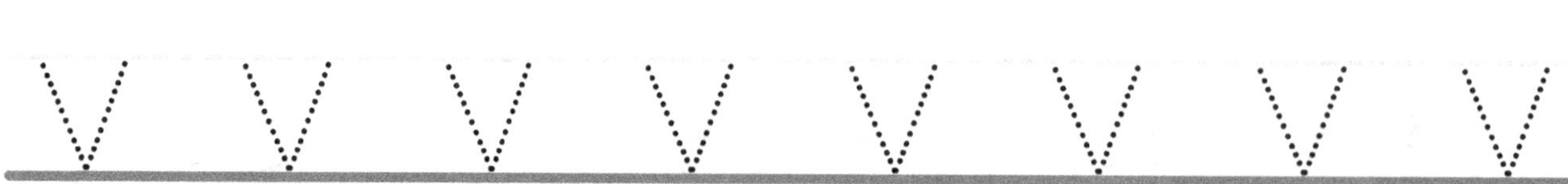

Name:_________________________________Score:________

Directions: Practicing tracing the letter.

W W W W

WWWWWWWW

Directions: Practicing tracing the letter.

Name:_______________________________Score:________

Directions: Practicing tracing the letter.

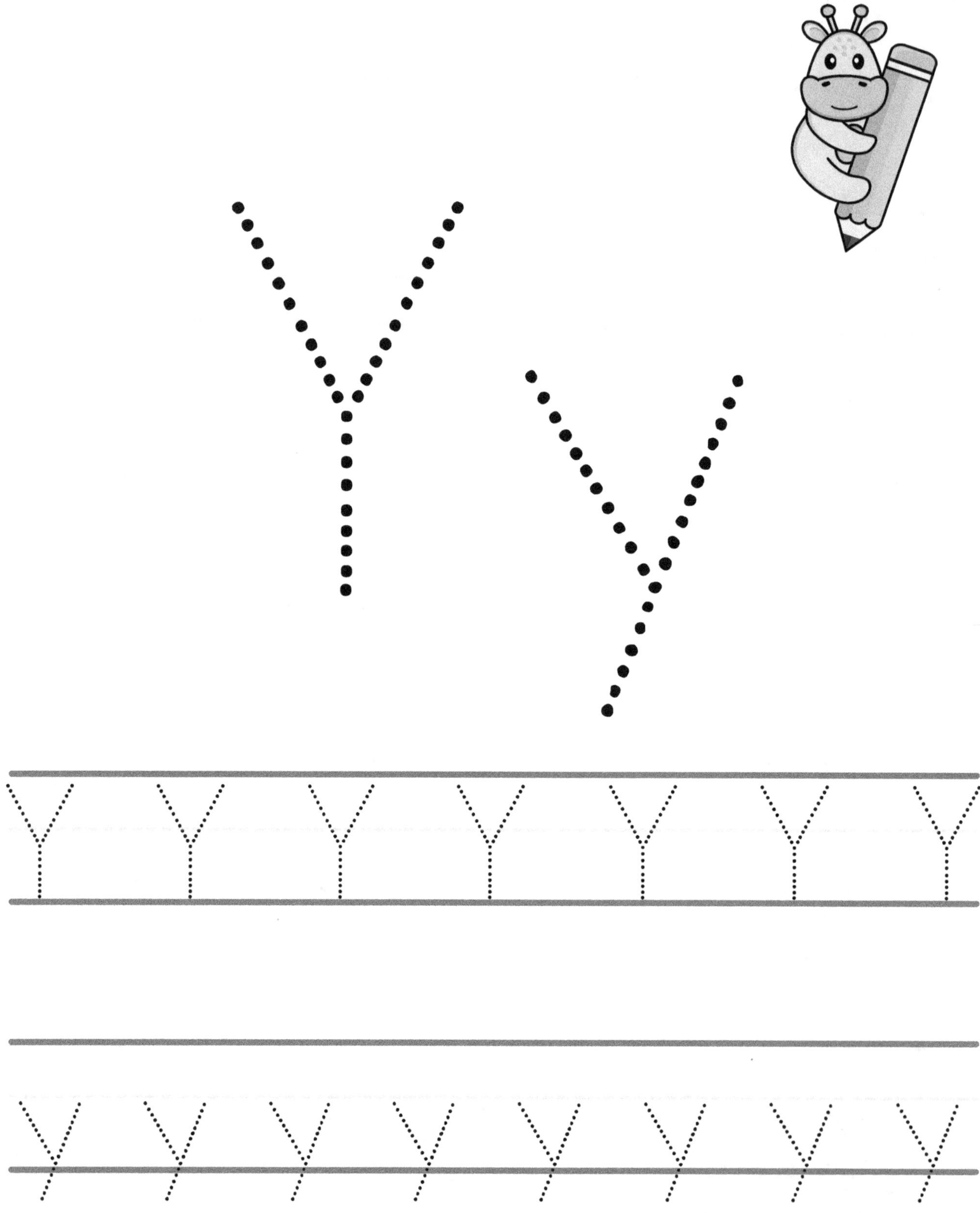

Directions: Practicing tracing the letter.

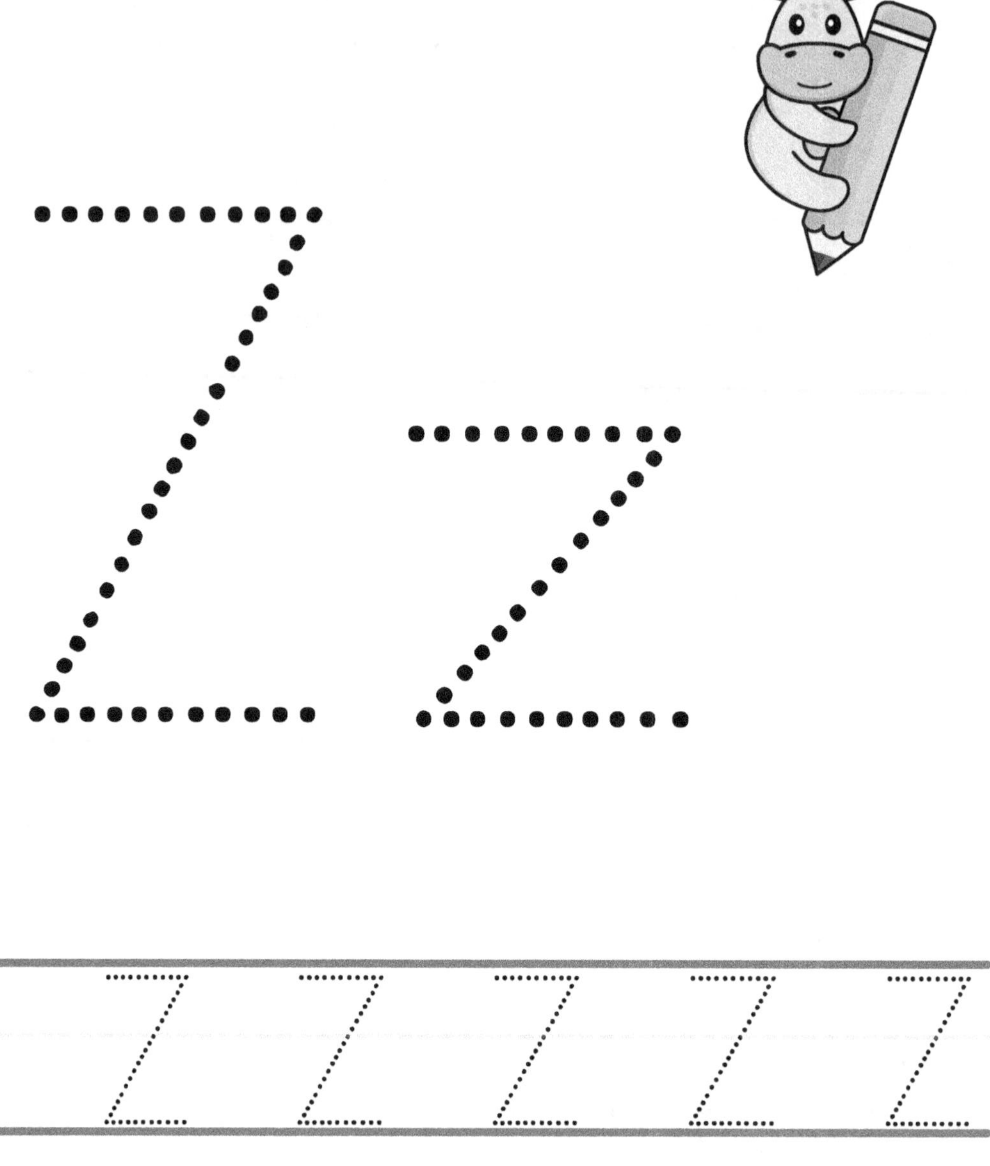

URHEBERRECHT

EINLEITUNG

Übersicht der somatischen Übungen

Somatische Übungen sollen Ihnen helfen, sich der Empfindungen, der Anspannung und des Stresses Ihres Körpers bewusster zu werden. Diese Übungen dienen dem Abbau von körperlichem und emotionalem Stress, indem sie sich mit aufmerksamer Aufmerksamkeit bewegen, was zu mehr geistiger Klarheit und Entspannung führt. Sie fördern die körpereigenen Heilungsmechanismen, was zu einer stärkeren Verbindung zwischen Geist und Körper führt. Dieses Buch hilft den Lesern zu verstehen, wie sanfte, fokussierte Bewegungen Angstzustände und chronische Schmerzen reduzieren und die innere Gelassenheit fördern können.

Somatische Übungen eignen sich für Anfänger, da sie weder Kraft noch Beweglichkeit erfordern, sondern einfache, fokussierte Bewegungen betonen. Konsequentes Üben über 14 Tage führt nicht nur zu körperlicher Linderung, sondern auch zu einer verbesserten emotionalen Widerstandsfähigkeit und allgemeinem Wohlbefinden. Egal, ob Sie den täglichen Stress reduzieren oder sich von einem Trauma erholen möchten, somatische Übungen bieten einen einfachen, effektiven Weg zur Heilung und Entspannung.

KAPITEL 1: DIE VERBINDUNG ZWISCHEN GEIST UND KÖRPER VERSTEHEN

Körperbewusstsein

Die Körperwahrnehmung ist der Ausgangspunkt des somatischen Trainings. Es bezieht sich auf die Fähigkeit, die Empfindungen, Bewegungen und Spannungen Ihres Körpers aktiv wahrzunehmen. Als Einstieg in somatische Aktivitäten ermöglicht Ihnen das Erlangen des körperlichen Bewusstseins zu verstehen, wie sich Emotionen und Stress physiologisch ausdrücken, wie z. B. angespannte Muskeln, flache Atmung oder chronisches Unwohlsein. Die Idee ist, zu lernen, auf deinen Körper zu hören, und zwar durch direkte, gefühlte Erfahrung und nicht nur durch intellektuelles Verständnis.

Wenn du zum ersten Mal anfängst, stellst du vielleicht fest, dass du von deinem Körper losgelöst bist und dich zu sehr auf äußere Probleme wie Arbeit oder psychische Sorgen konzentrierst. Somatische Übungen versuchen, Sie in den gegenwärtigen Moment zurückzubringen und ermöglichen es Ihnen, die Signale Ihres Körpers zu spüren und zu interpretieren. Mit diesem Bewusstsein können Sie Spannungsbereiche ansprechen, in den Muskeln gespeicherte Emotionen lösen und ein Gefühl der Ruhe und Ausgeglichenheit wiedererlangen.

Wie man das Körperbewusstsein kultiviert

1. Achtsames Atmen:

Sich auf deine Atmung zu konzentrieren, ist ein einfacher Ansatz, um anzufangen. Achte darauf, wie sich dein Körper bei jedem Ein- und Ausatmen bewegt. Spüren Sie das Heben und Senken Ihrer Brust, jede Bauchsteifheit und die Bewegung des Atems durch Ihre Nase.

Dieses aufmerksame Atmen hilft dir, im gegenwärtigen Moment zu bleiben und in subtile Körperempfindungen zu horchen.

2. Scannen von Körpern:

Bei diesem Ansatz geht es darum, den gesamten Körper von Kopf bis Fuß mental zu scannen. Beginnen Sie damit, bequem zu sitzen oder zu liegen. Verlagere deinen Fokus langsam auf verschiedene Teile deines Körpers – deinen Kopf, deine Schultern, deine Brust, deine Arme, deinen Rücken und deine Beine – und notiere dir alle Empfindungen, die kommen. Sind Ihre Muskeln steif, haben Schmerzen oder fühlen Sie sich unwohl? Bodyscanning hilft Ihnen, sich damit vertraut zu machen, wo sich in Ihrem Körper Spannungen ansammeln, die für die somatische Freisetzung unerlässlich sind.

3. Erdungs-Übungen:

Die Erdung verbindet dich mit der Erde und deinen aktuellen Körpergefühlen. Versuchen Sie, schulterbreit auseinander zu stehen. Verlagere dein Gewicht sanft von einem Fuß auf den anderen und achte darauf, wie dein Körper reagiert. Konzentrieren Sie sich auf das Gefühl Ihrer Füße, den Kontakt mit dem Boden. Die Erdung fördert die Stabilität und das Wissen um das Gleichgewicht des Körpers, die für ein Gefühl der Erdung unerlässlich sind.

4. Anspannung vs. Entspannung:

Viele Anfänger wissen nicht, wie viel Anspannung sie in sich tragen, bis sie sich aktiv entspannen. Versuchen Sie, verschiedene Muskelgruppen wie Schultern, Hände oder Kiefer anzuspannen und dann wieder zu lösen. Vielleicht bemerken Sie, wie Ihr Körper die Spannung aufrechterhält. Wenn du lernst, zwischen diesen Stimmungen zu unterscheiden, lernst du, wie du dich in Stresssituationen aktiv entspannen kannst.

Warum Körperbewusstsein wichtig ist

Der Körper kommuniziert oft, was dem Verstand entgeht. Wenn du lernst, Empfindungen und Spannungsmuster zu erkennen, kannst du anfangen zu beobachten, wie dein Körper auf Emotionen wie Sorgen, Wut und Trauer reagiert. Stress kann zum Beispiel zu flachem Atmen oder geballten Fäusten führen. Körperwahrnehmungsübungen helfen Ihnen, diese körperlichen Reaktionen zu lösen, was zu emotionaler und geistiger Entspannung führt.

Im Laufe der Zeit kann ein erhöhtes Körperbewusstsein Ihnen helfen, Schmerzen, Angstzustände und andere Störungen zu bewältigen, indem es Einblicke in ihre körperlichen Ursachen gibt. Somatische Übungen integrieren Geist und Körper und ermöglichen es Ihnen, mit mehr Leichtigkeit und Achtsamkeit auf das Leben zu reagieren, anstatt unbewusst auf Stress zu reagieren.

Atemtechniken

Atemtechniken sind bei somatischen Übungen von entscheidender Bedeutung, da sie das Nervensystem regulieren, den Geist entspannen und das Körperbewusstsein erhöhen. Zu lernen, deinen Atem zu kontrollieren und zu vertiefen, ist eine großartige Möglichkeit, Stress abzubauen, emotionales Gleichgewicht zu finden und deinen Körper zu entspannen.

Wie sich die Atmung auf den Körper auswirkt

Wenn wir gestresst oder besorgt sind, wird unsere Atmung flach und schnell, was dazu führt, dass der Körper im "Kampf-oder-Flucht"-Modus verharrt. Flache Atmung kann Emotionen wie Panik oder Angst verschlimmern. Tiefes, nachdenkliches Atmen hingegen signalisiert Ihrem Körper, sich zu entspannen, indem es das parasympathische Nervensystem aktiviert, den "Ruhe- und Verdauungsmodus" des Körpers. Dies senkt Ihre Pulsfrequenz, entspannt Ihre Muskeln und sorgt für ein Gefühl der Ruhe.

Bei somatischen Übungen wird der Atem nicht nur als körperliche Handlung eingesetzt, sondern auch als Werkzeug, um Geist und Körper zu verbinden. Es hält Sie im gegenwärtigen Moment und ermöglicht es Ihnen, sich mehr mit Ihren Bewegungen und Empfindungen in Verbindung zu fühlen.

Atemtechniken für Anfänger

1. Zwerchfellatmung (Bauchatmung):

Diese grundlegende Technik aktiviert das Zwerchfell anstelle der flachen Brustatmung und ermöglicht eine tiefere Sauerstoffaufnahme. So üben Sie:

- Setzen oder liegen Sie in einer bequemen Position. Lege eine Hand auf deine Brust und die andere auf deinen Bauch.
- Atmen Sie tief durch die Nase und zählen Sie bis vier.
- Spüre, wie sich dein Bauch hebt (deine Brust sollte ziemlich ruhig bleiben).
- Atme leise durch deine Lippen für eine weitere Zählung bis vier und beobachte, wie dein Bauch sinkt.
- Fahre 5-10 Minuten lang fort und konzentriere dich dabei auf das Heben und Senken deines Bauches.

Vorteile: Die Zwerchfellatmung reduziert Verspannungen, erhöht die Sauerstoffversorgung der Muskeln und fördert die Entspannung.

2. Box-Atmung (4-4-4-4 Atmung):

Diese Technik hilft, den Atem zu regulieren und ist besonders hilfreich in stressigen Momenten.

- Atmen Sie tief durch die Nase, bis Sie 4 zählen.

- Halten Sie den Atem für 4 Zählungen an.

- Atmen Sie vollständig durch den Mund und zählen Sie bis vier.

- Halten Sie erneut den Atem an, um bis vier zu zählen.

- Wiederholen Sie diesen Zyklus vier- bis fünfmal.

Vorteile: Die Box-Atmung gleicht das Nervensystem aus, reduziert Angstzustände und sorgt für geistige Konzentration.

3. Verlängerte Ausatmung:

Diese Methode betont die Ausatmung, die Ihrem Körper signalisiert, dass es sicher ist, sich zu entspannen.

- Beginnen Sie damit, langsam durch die Nase zu atmen und bis 3 zu zählen.

- Atmen Sie noch langsamer durch den Mund und zählen Sie bis 6.

- Das Ziel ist es, dass Sie doppelt so lange ausatmen wie einatmen.

Vorteile: Diese Praxis beruhigt das Nervensystem zutiefst und ist besonders effektiv zum Abbau von Angstzuständen und Stress.

4. Bewusstsein für den Atem:

Nicht jede Atemtechnik erfordert aktive Kontrolle. Manchmal ist es schon die Übung selbst, sich deines natürlichen Atemmusters bewusst zu werden.

- Setzen Sie sich bequem hin und schließen Sie die Augen.

- Konzentriere dich auf deinen Atem, ohne zu versuchen, ihn zu verändern. Achte darauf, wo du den Atem am stärksten spürst, vielleicht in deiner Nase, deinem Rachen oder deiner Brust.
- Beobachte alle Empfindungen, Spannungen oder Entspannungen im Körper, während du atmest. Dieses einfache Bewusstsein baut eine Verbindung zu deinem Atem auf und hilft dir, im Moment geerdet zu bleiben.

Was ist während der Trainingszeiten zu tun?

- Beginnen Sie mit dem Atem: Beginnen Sie jede Übungsstunde mit ein paar Minuten achtsamer Atmung, um Ihren Geist und Körper zu beruhigen. Dies bereitet Sie darauf vor, sich bewusster zu bewegen.
- Verknüpfen Sie den Atem mit der Bewegung: Verknüpfen Sie jede Bewegung mit Ihrem Atem. Atme zum Beispiel ein, wenn du dich auf eine Bewegung vorbereitest, und aus, wenn du sie ausführst. So entsteht ein fließender Rhythmus, der deine Übungen achtsamer und effektiver macht.
- Passen Sie den Atem für Entspannung oder Energie an: Wenn Sie sich während einer Übung angespannt fühlen, konzentrieren Sie sich auf längere Ausatmungen, um Verspannungen zu lösen. Wenn Sie mehr Energie benötigen, konzentrieren Sie sich auf tiefe, gleichmäßige Inhalationen.

Warum Atemtechniken wichtig sind

Atemkontrolle ist mehr als nur körperliche Leistungsfähigkeit; Es geht auch darum, Ihren emotionalen und mentalen Zustand zu regulieren. Somatische Übungen sind untrennbar mit der Atmung verbunden, da sie als Bindeglied zwischen Geist und Körper dient. Die

Beherrschung dieser Atemtechniken wird Ihnen helfen, Stress abzubauen, die geistige Klarheit zu verbessern und Ihre Verbindung zu Ihrem Körper zu stärken.

Zu lernen, mit Absicht zu atmen, bietet eine nützliche Technik, um sowohl mit täglichen Sorgen als auch mit extremeren Emotionen umzugehen. Kehren Sie im Laufe Ihrer 14-tägigen somatischen Übungsreise häufig zu diesen Techniken zurück. Sie werden deine Praxis bereichern und den Nutzen jeder deiner Bewegungen maximieren.

KAPITEL 2: ERDUNGSTECHNIKEN

Einfache Erdungshaltungen

Erdungstechniken sind bei somatischen Aktivitäten wichtig, weil sie dich wieder mit deinem Körper verbinden und es dir ermöglichen, dich sicherer und präsenter zu fühlen. Einfache Erdungshaltungen sind ideal für Anfänger, da sie die Verbindung zwischen Ihrem Körper und dem Boden betonen und ein Gefühl von Ruhe und Ausgeglichenheit fördern.

Die Idee der Erdung ist, ganz in deinem Körper und im Moment präsent zu sein. Wenn wir gestresst oder nervös sind, neigen wir dazu, uns abgekoppelt zu fühlen, entweder in unseren Gedanken verloren oder von Emotionen überwältigt. Erdungshaltungen lassen Sie zu Ihrem Körper zurückkehren und bieten eine echte Technik, um mit Stress umzugehen und geistige Klarheit wiederzuerlangen.

Wichtige Erdungshaltungen für Anfänger

1. **Berg-Pose (Tadasana):**

Diese stehende Haltung ist einfach, aber kraftvoll, da sie Ihnen hilft, sich ausgeglichen und zentriert zu fühlen.

- **Wie man übt: Stelle** dich mit den Füßen etwa hüftbreit auseinander und den Armen entspannt an den Seiten. Verteilen Sie Ihr Gewicht gleichmäßig auf beide Füße. Stellen Sie sich eine Schnur vor, die den Scheitel Ihres Kopfes nach oben zieht und Ihre Wirbelsäule dehnt. Stell deine Füße fest auf den Boden und halte deinen Oberkörper leicht.
- **Warum es funktioniert:** Die Bergposition fördert Stabilität und Präsenz. Es hilft Ihnen, sich geerdet und ausgerichtet zu fühlen, besonders in Zeiten der Angst.

2. Sitzende Erdungspose (Sukhasana):

Das Sitzen im Schneidersitz auf dem Boden trägt dazu bei, eine starke Verbindung zur Erde herzustellen und Ruhe und Entspannung zu fördern.

- **Übung:** Positioniere dich im Schneidersitz auf einer weichen Unterlage, wie z.B. einer Yogamatte. Lege deine Hände auf die Knie, die Handflächen zeigen nach unten. Schließen Sie die Augen und konzentrieren Sie sich auf Ihren Atem. Spüren Sie, wie Ihr Körper auf dem Boden ruht, während sich Ihre Wirbelsäule nach oben verlängert.
- **Warum es funktioniert:** Diese Haltung eignet sich hervorragend, um das Bewusstsein für die untere Hälfte Ihres Körpers zu schärfen, Sie am Boden zu verankern und Ihren Geist zu beruhigen.

3. Vorwärtsbeuge (Uttanasana):

Diese einfache beugende Haltung erdet dich durch Körpergefühl und ist perfekt, um Verspannungen zu lösen.

- **Wie man übt: Platziere** deine Füße hüftbreit auseinander. Beuge dich langsam von der Hüfte nach vorne, sodass deine Arme und dein Kopf in Richtung Boden hängen. Behalten Sie eine leichte Beugung in den Knien bei, um Ihren unteren Rücken zu schonen. Konzentriere dich auf die Dehnung deiner Kniesehnen und den leichten Zug durch die Schwerkraft.
- **Warum es funktioniert:** Vorwärtsbeugen dehnen nicht nur den Körper, sondern lenken Ihre Aufmerksamkeit auch nach unten, was eine entspannende, erdende Wirkung haben kann.

4. Kinderpose (Balasana):

Diese sanfte, ruhende Haltung bietet Komfort und ein Gefühl des Schutzes, während Sie Ihren Körper erden.

- **Übung:** Beginne auf allen Vieren und lasse dann deine Hüften langsam zurück zu deinen Fersen fallen, während du deine Arme vor dir ausstreckst oder sie an deinen Seiten ablegst. Lass deine Stirn die Erde berühren. Konzentriere dich auf eine tiefe, gleichmäßige Atmung.
- **Warum es funktioniert:** Die Kinderpose gibt dir das Gefühl, gestützt und wohl zu sein, was für die Erdung unerlässlich ist. Es ermöglicht Ihnen, sich mit dem Boden zu verbinden und die Kontrolle wiederherzustellen.

5. Baum-Pose (Vrksasana):

Die Baumhaltung hilft Ihnen, Gleichgewicht und Stabilität zu finden, sowohl körperlich als auch geistig.

- **Wie man übt:** Stehen Sie mit beiden Füßen zusammen. Verlagern Sie Ihr Gewicht auf einen Fuß und heben Sie den anderen allmählich an, indem Sie ihn gegen Ihre innere Wade oder Ihren Oberschenkel legen (vermeiden Sie das Knie). Führe deine Hände zur Brust oder strecke sie über den Kopf. Halte dein Gleichgewicht, indem du dich auf eine bestimmte Stelle konzentrierst.
- **Warum es funktioniert:** Die Baumstellung verbessert Ihr Gleichgewicht und Ihre Aufmerksamkeit. Es beinhaltet Konzentration, die dich aus deinen Gedanken heraus und in den gegenwärtigen Moment bringt.

Wie Sie erdende Haltungen in Ihre Routine integrieren können

Für Neulinge wie Sie ist Konsistenz unerlässlich. Beginnen Sie damit, 5-10 Minuten pro Tag Erdungshaltungen einzunehmen. Sie können sie in Ihre Morgenroutine integrieren, um einen ruhigen Ton für den Tag zu schaffen, oder sie nutzen, um in stressigen Zeiten eine Pause einzulegen. Achte darauf, wie du dich in diesen Haltungen physisch und psychisch fühlst. Fühlen Sie sich Ihrem Körper näher? Stabiler oder ruhiger?

Schnelle Atemübungen zur Erdung

Schnelle Atemübungen sind ein wirksamer Ansatz, um Geist und Körper zu beruhigen, insbesondere in stressigen oder überwältigenden Situationen. Diese Übungen helfen Anfängern, sich geerdeter und präsenter in ihrem Körper zu fühlen, indem sie sich auf die Atemkontrolle konzentrieren. Die Atmung wirkt sich direkt auf das Nervensystem aus, so dass Sie diese Techniken anwenden können, um den Geist schnell zu beruhigen und körperliche Belastungen zu lindern.

Erdung mit Atem bedeutet, bestimmte Atemmuster anzuwenden, um sich im gegenwärtigen Moment zu orientieren und dein Bewusstsein mit deinem Körper zu verbinden. Hier sind einige einfache, anfängerfreundliche Atemtechniken, die Ihnen helfen, sich in nur wenigen Minuten zu erden.

Schnelle Atemübungen zur Erdung für Anfänger

1. 5-5-5 Atemtechnik: Diese einfache Technik hilft, das Nervensystem zu beruhigen, indem sie sowohl das Ein- als auch das Ausatmen gleichmäßig verlängert und so die Entspannung und Erdung fördert.

Wie man übt:

17

- Setzen oder stehen Sie bequem mit den Füßen auf dem Boden.

- Atme tief durch die Nase ein und zähle bis 5.

- Versuchen Sie, den Atem anzuhalten, bis Sie 5 zählen.

- Atmen Sie langsam durch den Mund aus, bis 5 zu zählen.

- Wiederhole diesen Zyklus für 2-3 Minuten und konzentriere dich darauf, wie sich dein Atem anfühlt, wenn er in deinen Körper ein- und austritt.

Warum es funktioniert: Diese Methode bringt Gleichgewicht in Ihren Atem und hilft, Ihren Geist und Körper in Momenten von Stress oder Angst zu beruhigen.

2. 4-7-8 Atemtechnik:

Dieses Atemmuster hilft nicht nur bei der Entspannung, sondern signalisiert dem Körper auch, in einen erholsamen Zustand einzutreten.

Wie man übt:

- Atmen Sie 4 Mal tief durch die Nase ein.

- Halten Sie den Atem für 7 Zählungen an.

- Atmen Sie 8 Mal langsam und vollständig durch den Mund aus.

- Wiederholen Sie diesen Zyklus mindestens 4 Mal.

Warum es funktioniert: Das ausgedehnte Ausatmen aktiviert das parasympathische Nervensystem, beruhigt Ihren Körper und erdet Sie im Moment. Diese Übung ist besonders effektiv, wenn du dich ängstlich oder unruhig fühlst.

3. Erdender Atem mit Zählen:

Diese Übung eignet sich hervorragend für Anfänger, da sie einen mentalen Fokus – das Zählen – hinzufügt, der dir helfen kann, präsent zu bleiben und geistige Ablenkungen zu vermeiden.

Wie man übt:

- Sitzen oder stehen Sie in einer entspannten Position.
- Atme tief ein und zähle in deinem Kopf "1".
- Atmen Sie vollständig aus und zählen Sie "2".
- Atmen Sie erneut ein und zählen Sie "3" und atmen Sie mit "4" aus.
- Zähle weiterhin jeden Atemzug und strebe 10 vollständige Atemzüge an.
- Wenn deine Gedanken abschweifen, lenke deine Aufmerksamkeit sanft zurück auf deinen Atem und das Zählen.

Warum es funktioniert: Durch das Zählen können Sie sich auf die Gegenwart konzentrieren, sich auf die Empfindungen Ihres Körpers einstimmen und sich geerdeter fühlen.

4. Gleiches Atmen (Sama Vritti):

Diese Yoga-basierte Atemtechnik konzentriert sich darauf, das Ein- und Ausatmen gleichmäßig zu gestalten und so Gleichgewicht und Ruhe zu fördern.

Wie man übt:

- Atmen Sie 4 Mal langsam durch die Nase ein.
- Atmen Sie 4 Mal durch die Nase aus.
- Im Laufe des Spiels kannst du die Länge auf 5 oder 6 Zählungen für jeden Atemzug erhöhen.
- In diesem Muster 5-10 Minuten weiterstricken.

Warum es funktioniert: Gleichmäßiges Atmen gleicht das Nervensystem aus und hilft, den Geist mit dem Körper in Einklang zu bringen, was es einfacher macht, in herausfordernden Situationen geerdet zu bleiben.

5. 3-teiliger Atem (Dirga Pranayama):

Diese Technik erweitert Ihre Atemkapazität und bringt Ihre volle Aufmerksamkeit in Ihren Atemprozess.

Wie man übt:

- Setzen Sie sich bequem hin und legen Sie eine Hand auf Ihren Bauch und eine Hand auf Ihre Brust.
- Atmen Sie tief ein und füllen Sie zuerst Ihren Bauch, dann Ihre Brust und schließlich Ihre oberen Lungen.
- Atmen Sie langsam aus und kehren Sie den Prozess um – zuerst entleeren Sie die oberen Lungen, dann die Brust und schließlich den Bauch.
- Setze diesen rhythmischen Atemzug 5 Minuten lang fort und konzentriere dich dabei auf die wellenartige Bewegung deines Atems durch deinen Körper.

Warum es funktioniert: Diese Atemtechnik erdet Sie, indem sie Ihnen den Luftstrom durch Ihren Körper vollständig bewusst macht und Ihre Geist-Körper-Verbindung vertieft.

Worauf Sie sich bei erdenden Atemübungen konzentrieren sollten

- **Üben Sie Körperbewusstsein:** Achten Sie darauf, wie sich verschiedene Regionen Ihres Körpers beim Atmen anfühlen. Gibt es eine Belastung in den Schultern, im

Rücken oder im Kiefer? Konzentriere dich bei jeder Einatmung darauf, die Verspannungen zu lösen.

- **Umwelt:** Achte auf deine Umgebung. Spüren Sie Ihre Füße auf dem Boden, nehmen Sie die Geräusche um Sie herum und sogar die Temperatur der Luft wahr. Dieses äußere Bewusstsein hilft dir, im aktuellen Moment geerdet zu bleiben.
- **Atemsinn:** Konzentriere dich auf das Gefühl des Atems, der in deinen Körper ein- und ausströmt. Ist das Einatmen kühl und das Ausatmen warm? Dieser fokussierte Fokus hilft dir, dich aus einem hetzenden Geist herauszuholen und dich in deinem Körper zu erden.

Warum Atemübungen wichtig sind

Erdende Atemübungen sind nützlich, da sie jederzeit und von jedem Ort aus durchgeführt werden können. Egal, ob Sie bei der Arbeit sitzen, in der Schlange stehen oder sich im Bett ausruhen, diese Strategien helfen Ihnen, sich sofort zu zentrieren und die Stressreaktion Ihres Körpers neu zu setzen. Für Anfänger ist Konsistenz unerlässlich. Schon ein paar Minuten erdende Atemübungen pro Tag helfen dir, deine Fähigkeit zu verbessern, in Stresssituationen ruhig und zentriert zu bleiben.

Wenn Sie Ihre Verbindung zu Ihrem Atem stärken, werden Sie eine deutliche Steigerung Ihrer geistigen und körperlichen Widerstandsfähigkeit feststellen. Erdende Atemübungen sind eine einfache, aber effektive Methode, um Stress, Angst und Anspannung zu bewältigen.

Erdungshaltungen helfen dir nach und nach, ein höheres Maß an Körperbewusstsein aufzubauen, das für somatische Übungen unerlässlich ist. Je geerdeter und präsenter du dich fühlst, desto einfacher ist es, mit Stress, Ängsten und emotionalen Turbulenzen umzugehen.

KAPITEL 3: LÖSEN VON VERSPANNUNGEN DURCH BEWEGUNG

Sanfte Dehnungen

Dehnen ist eine einfache, aber effektive Methode, um Verspannungen abzubauen, die Flexibilität zu erhöhen und die allgemeine Gesundheit zu fördern. Sanfte Dehnübungen sind für Anfänger sehr vorteilhaft, da sie einfach durchzuführen sind und nicht viel Training oder Ausrüstung erfordern. In diesem Abschnitt sehen wir uns eine Vielzahl von milden Dehnübungen an, die Ihnen helfen können, sich an eine Gewohnheit zu gewöhnen und sich entspannter und ausgeglichener zu fühlen.

Warum sanfte Dehnungen?

Sanfte Dehnübungen sind ideal für Anfänger, weil sie:

- Fördern Sie die Entspannung: Langsame und kontrollierte Bewegungen helfen, das Nervensystem zu beruhigen und Stress abzubauen.

- Verbessern Sie die Flexibilität: Regelmäßiges Dehnen kann Ihren Bewegungsumfang und Ihre Flexibilität verbessern, ohne Ihre Muskeln zu belasten.

- Beugen Sie Verletzungen vor: Sanfte Dehnungen wärmen Ihre Muskeln auf und bereiten sie auf anstrengendere Aktivitäten vor, wodurch das Verletzungsrisiko verringert wird.

- Verspannungen lösen: Sie zielen auf Bereiche ab, in denen sich häufig Verspannungen ansammeln, wie Nacken, Schultern und Rücken.

Grundprinzipien des sanften Dehnens

- Aufwärmen zuerst: Beginnen Sie immer mit einem kurzen Aufwärmen, um Ihr Blut zum Fließen zu bringen. Dies können ein paar Minuten leichte Aktivität wie Gehen oder sanfte Bewegungen sein.

- Atmen Sie tief durch: Tiefes, gleichmäßiges Atmen hilft Ihrem Körper, sich zu entspannen und ermöglicht es Ihnen, sich effektiver zu dehnen.

- Bewegen Sie sich langsam: Vermeiden Sie hüpfende oder ruckartige Bewegungen. Dehnen Sie sich langsam und halten Sie jede Position, um Ihren Muskeln Zeit zu geben, sich anzupassen.

- Hören Sie auf Ihren Körper: Dehnen Sie sich bis zu dem Punkt, an dem Sie sich leicht unwohl fühlen, nicht bis zu Schmerzen. Wenn sich eine Dehnung zu intensiv anfühlt, lassen Sie etwas nach.

Sanfte Dehnübungen für Anfänger

Hier sind einige einfache Dehnübungen, mit denen Sie beginnen können. Versuchen Sie, jede Dehnung etwa 20-30 Sekunden lang zu halten und wiederholen Sie sie 2-3 Mal.

1. **Dehnung des Nackens:**
- Sitze oder stehe aufrecht mit entspannten Schultern.
- Neigen Sie Ihren Kopf langsam in Richtung Ihrer rechten Schulter und spüren Sie eine sanfte Dehnung entlang der linken Seite Ihres Nackens.
- Halten Sie die Dehnung, kehren Sie dann langsam in die Ausgangsposition zurück und wiederholen Sie den Vorgang auf der linken Seite.

2. **Schulter-Dehnung:**
- Strecken Sie Ihren rechten Arm gerade vor sich aus.
- Ziehe mit der linken Hand deinen rechten Arm sanft über deine Brust.

24

❖ Halten Sie die Dehnung und wechseln Sie dann die Arme.

3. Brust-Dehnung:

❖ Stellen Sie sich mit schulterbreit auseinander stehenden Füßen und hinter dem Rücken verschränkten Händen hin.

❖ Hebe sanft deine Arme und öffne deine Brust, indem du deine Schulterblätter zusammendrückst.

❖ Halten Sie die Dehnung, während Sie tief atmen.

4. Oberer Rücken Stretch:

❖ Setzen oder stehen Sie mit hüftbreit auseinander stehenden Füßen.

❖ Verschränke deine Finger und strecke sie vor dir aus, wobei du deinen oberen Rücken abrundest.

❖ Halten Sie die Dehnung und spüren Sie die Dehnung zwischen Ihren Schulterblättern.

5. Dehnung der Kniesehne:

❖ Setze dich mit einem ausgestreckten Bein und dem anderen Bein auf den Boden, wobei die Fußsohle gegen die Innenseite des Oberschenkels gedrückt ist.

❖ Greife nach deinem ausgestreckten Bein und halte deinen Rücken gerade.

❖ Halten Sie die Dehnung und wechseln Sie dann die Beine.

6. Waden-Stretch:

- ❖ Stellen Sie sich mit dem Gesicht zu einer Wand hin und pressen Sie Ihre Hände dagegen.
- ❖ Treten Sie einen Fuß zurück und drücken Sie die Ferse in den Boden.
- ❖ Halten Sie die Dehnung und wechseln Sie dann die Beine.

7. Hüftbeuger-Dehnung:

- ❖ Knien Sie sich mit dem linken Fuß nach vorne auf das rechte Knie und bilden Sie mit beiden Beinen einen 90-Grad-Winkel.
- ❖ Drücke deine Hüften sanft nach vorne, während du deinen Rücken gerade hältst.
- ❖ Halten Sie die Dehnung und wechseln Sie dann die Seite.

Spannungsabbau durch Strömung

Yoga und somatische Übungen betonen häufig das Konzept des Flows, eine sanfte, kontinuierliche Bewegung, die verschiedene Haltungen oder Bewegungen verbindet. Das Verständnis und die Übernahme dieses Konzepts können Anfängern helfen, ihre Fähigkeit zu verbessern, Spannungen abzubauen und ein Gefühl der Ruhe in Körper und Geist zu kultivieren. Flow-basierte Aktivitäten beinhalten einen nahtlosen Übergang von einer Haltung in eine andere, was zu einem Rhythmus führt, der nicht nur das Nervensystem entspannt, sondern auch die Flexibilität und Koordination verbessert.

Die Vorteile von strömungsbasierten Bewegungen

1. Verbessertes Bewusstsein: Flow-basierte Praktiken fördern Achtsamkeit und das Bewusstsein im Moment. Während Sie eine Sequenz durchlaufen, werden Sie sich der Empfindungen, Gedanken und Emotionen Ihres Körpers bewusster, was zu einer erhöhten Selbstwahrnehmung und einem besseren Verständnis Ihrer körperlichen und geistigen Gesundheit führt.

2. Stressabbau: Fließende Bewegungen stimulieren das parasympathische Nervensystem, das für Entspannung und Heilung verantwortlich ist. Diese Aktivierung hemmt die Stressreaktion, senkt den Cortisolspiegel und fördert die Ruhe.

3. Verbesserte Flexibilität: Einfache Wechsel zwischen den Körperhaltungen helfen dabei, die Muskeln allmählich zu dehnen und zu verlängern. Im Laufe der Zeit führt dies zu einer verbesserten Flexibilität und einer verringerten Muskelsteifheit, was bei chronischen Verspannungen und Beschwerden helfen kann.

4. Erhöhte Kraft und Stabilität: Flow-basierte Übungen erfordern die Koordination mehrerer Muskelgruppen, was die allgemeine Kraft und Stabilität verbessert. Dieser ausgewogene Einsatz hilft, Verletzungen zu vermeiden und fördert funktionelle Bewegungsmuster.

Erste Schritte mit Flow-basierten Praktiken

- Finde deinen Rhythmus: Konzentriere dich zunächst auf deinen Atem. Atmen Sie tief ein und aus und lassen Sie Ihren Atem Ihre Bewegungen lenken. Jede Einatmung kann zu einer Ausdehnung oder Öffnung führen, während jede Ausatmung zu einer Entspannung oder Verengung führen kann. Die rhythmische Beziehung zwischen Atem und Bewegung dient als Grundlage für flowbasierte Techniken.

- Beginnen Sie mit einfachen Sequenzen: Für Anfänger ist es wichtig, mit grundlegenden Sequenzen zu beginnen, die leicht zu befolgen sind. Eine häufige Sequenz für den Anfang ist der Sonnengruß, eine Reihe von Haltungen, die fließend ineinander übergehen:

❖ Bergpose (Tadasana): Stehen Sie aufrecht, die Füße hüftbreit auseinander und die Arme an den Seiten. Erden Sie durch Ihre Füße und spannen Sie Ihren Rumpf an.

- ❖ Vorwärtsbeuge (Uttanasana): Beuge dich an deinen Hüften und beuge dich nach vorne, sodass sich dein Kopf und Nacken entspannen können. Beuge deine Knie bei Bedarf leicht.

- ❖ Halfway Lift (Ardha Uttanasana): Hebe deinen Oberkörper auf halber Höhe an, mit den Händen auf deinen Schienbeinen oder Oberschenkeln, und strecke deine Wirbelsäule.

- ❖ Plank Pose (Phalakasana): Kehre in eine Plank-Position zurück und halte deinen Körper von Kopf bis Fuß in einer geraden Linie.

- ❖ Chaturanga Dandasana: Senke deinen Körper halb ab und halte deine Ellbogen nahe an deinen Rippen.

- ❖ Nach oben gerichteter Hund (Urdhva Mukha Svanasana): Drücke durch deine Hände, um deine Brust und Hüften zu heben, dein Herz zu öffnen und deinen Vorderkörper zu dehnen.

- ❖ Herabschauender Hund (Adho Mukha Svanasana): Hebe deine Hüften nach oben und hinten und bilde mit deinem Körper eine umgekehrte V-Form. Drücke deine Fersen in Richtung Boden und spreize deine Finger weit.

- Rückkehr zur Berghaltung: Kehre nach und nach in die Bergpose zurück, erde dich und bereite dich auf die nächste Runde vor.

- Konzentrieren Sie sich auf sanfte Übergänge: Konzentrieren Sie sich im Laufe der Sequenz auf die Übergänge zwischen den einzelnen Posens. Anstatt sich zu beeilen oder zu ruckeln, entscheiden Sie sich für einen langsamen, fließenden Fluss. Stell dir vor, deine Bewegungen sind wie eine sanfte Welle, die von einer Pose zur nächsten fließt.

- Hören Sie auf Ihren Körper: Flow-basierte Übungen sollten natürlich und mühelos erfolgen. Achte auf die Signale deines Körpers und ändere deine Handlungen entsprechend. Wenn Sie sich unwohl fühlen oder sich anstrengen, entspannen Sie sich und ändern Sie die Haltung. Es ist wichtig, während der gesamten Praxis ein Gefühl der Entspannung und des Komforts zu bewahren.

- Integrieren Sie das Atembewusstsein: Ihr Atem ist Ihr primärer Leitfaden bei flussbasierten Übungen. Synchronisieren Sie Ihre Bewegungen mit Ihrem Atem, um einen gleichmäßigen Rhythmus beizubehalten und Ihr Gefühl der Entspannung zu vertiefen. Nutze den Atem, um dich in jede Haltung zu führen und sanfte Übergänge zu ermöglichen.

KAPITEL 4: EMOTIONALE REGULATION

Bewegungen zum Stressabbau

Stress ist eine natürliche Reaktion auf wahrgenommene Gefahren oder Erwartungen, die sich körperlich und emotional manifestieren können. Wenn Stress in Maßen eingesetzt wird, kann er sowohl motivierend als auch anpassungsfähig sein. Anhaltender oder übermäßiger Stress kann jedoch eine Vielzahl von Gesundheitsproblemen verursachen, darunter Angstzustände, Depressionen und körperliche Krankheiten wie Bluthochdruck und Verdauungsstörungen. Ein effektives Stressmanagement ist für den Erhalt des emotionalen und körperlichen Wohlbefindens unerlässlich.

Stressabbaumaßnahmen zielen darauf ab, die physiologischen und psychologischen Auswirkungen von Stress zu mildern. Diese Übungen fördern die Muskelentspannung, die geistige Ruhe und das allgemeine Wohlbefinden. Wenn Sie solche Bewegungen in Ihren Alltag integrieren, können Sie Stress stark abbauen und die emotionale Stabilität verbessern.

Schlüsselprinzipien von Bewegungen zur Stressreduktion

1. Achtsamkeit und Präsenz: Bewegungen zum Stressabbau sind am effektivsten, wenn sie mit Achtsamkeit praktiziert werden. Präsent zu sein und auf die Empfindungen Ihres Körpers zu achten, hilft, die Entspannungsreaktion zu vertiefen und die Wirksamkeit der Bewegungen zu verbessern.

2. Atembewusstsein: Die Integration von bewusster Atmung in Bewegungen kann die stressabbauenden Vorteile verstärken. Tiefe, langsame Atemzüge helfen, das parasympathische Nervensystem zu aktivieren, die Entspannung zu fördern und die Stressreaktion zu reduzieren.

3. Sanfte und kontrollierte Bewegungen: Bewegungen zum Stressabbau sollten sanft und kontrolliert sein, um zusätzliche Spannungen zu vermeiden. Die Bewegungen sollten flüssig, fließend und überlegt sein und sich eher auf die Lockerung als auf die Anstrengung konzentrieren.

Effektive Bewegungen zum Stressabbau

1. Katze-Kuh-Stretch (Marjaryasana-Bitilasa na)

Zweck: Diese Bewegung hilft, Verspannungen im Rücken und Nacken zu lösen, fördert die Flexibilität der Wirbelsäule und fördert das Bewusstsein für den Atem.

<u>Wie man es macht:</u>

- ❖ Beginne auf allen Vieren mit den Händen direkt unter den Schultern und den Knien unter der Hüfte.
- ❖ Atmen Sie, während Sie Ihren Rücken krümmen, Ihr Steißbein und Ihren Kopf zur Decke heben (Kuhhaltung).
- ❖ Atme aus, während du deine Wirbelsäule umrundest, dein Kinn an deine Brust legst und deinen Bauchnabel in Richtung deiner Wirbelsäule ziehst (Katzenhaltung).
- ❖ Fließen Sie 1-2 Minuten lang zwischen diesen beiden Positionen hin und her und koordinieren Sie Ihren Atem mit jeder Bewegung.

2. Kinderpose (Balasana)

Zweck: Diese Pose dehnt sanft den Rücken, die Hüften und die Oberschenkel und wirkt beruhigend auf das Nervensystem.

<u>Wie man es macht:</u>

❖ Knien Sie sich mit den großen Zehen auf den Boden und den Knien auseinander. Lehnen Sie sich auf den Fersen zurück.

❖ Beuge dich nach vorne, strecke deine Arme vor dir aus oder lege sie an deinen Seiten ab und lass deine Stirn auf der Matte ruhen.

❖ Atmen Sie tief ein und verweilen Sie 1-3 Minuten in dieser Position, damit sich Ihr Körper entspannen und Ihr Geist zur Ruhe kommen kann.

3. Sitzende Vorwärtsbeuge (Paschimottanasana)

Zweck: Diese Pose dehnt die Kniesehnen und den unteren Rücken, fördert die Entspannung und reduziert Verspannungen.

<u>Wie man es macht:</u>

❖ Setze dich mit ausgestreckten Beinen gerade vor dich auf den Boden.

❖ Atmen Sie ein und strecken Sie Ihre Wirbelsäule, atmen Sie dann aus und beugen Sie sich nach vorne, wobei Sie zu Ihren Füßen oder Schienbeinen greifen.

❖ Halten Sie die Position für 1-2 Minuten und konzentrieren Sie sich bei jedem Ausatmen auf eine tiefe Atmung und das Lösen von Spannungen.

4. Beine hoch an der Wand Pose (Viparita Karani)

Zweck: Diese erholsame Pose hilft, Stress und Müdigkeit zu reduzieren, die Durchblutung zu fördern und Verspannungen in den Beinen und im unteren Rücken zu lösen.

<u>Wie man es macht:</u>

❖ Setze dich an eine Wand und lege dich auf den Rücken. Schwingen Sie Ihre Beine gegen die Wand, während Sie Ihre Arme entspannt an den Seiten halten.

❖ Passe deine Position so an, dass deine Hüften nahe an der Wand sind und deine Beine nach oben gestreckt sind.

❖ Bleiben Sie 5-10 Minuten in dieser Position, konzentrieren Sie sich auf tiefe, gleichmäßige Atemzüge und lassen Sie Ihren Körper vollständig entspannen.

5. Progressive Muskelentspannung

Ziel: Diese Technik hilft, körperliche Verspannungen abzubauen und die Entspannung zu fördern, indem verschiedene Muskelgruppen systematisch angespannt und dann wieder entspannt werden.

<u>Wie man es macht:</u>

❖ Suchen Sie sich eine bequeme Sitz- oder Liegeposition.

❖ Beginnen Sie mit Ihren Füßen und arbeiten Sie sich durch den Körper nach oben, indem Sie jede Muskelgruppe (z. B. Füße, Waden, Oberschenkel, Bauch) 5-10 Sekunden lang anspannen und dann loslassen.

❖ Konzentriere dich auf den Kontrast zwischen Anspannung und Entspannung und achte darauf, wie sich dein Körper anfühlt, während du jede Muskelgruppe durchläufst.

Atmung für emotionale Kontrolle

Die Atmung ist ein grundlegender physiologischer Prozess, der nicht nur das Leben erhält, sondern auch die emotionale Regulation unterstützt. Die Art und Weise, wie wir atmen, kann einen großen Einfluss auf unseren emotionalen Zustand haben, indem sie entweder Stress und Ängste erhöht oder Frieden und Ausgeglichenheit fördert. Durch das Erlernen und Üben bestimmter Atemtechniken können wir unsere Emotionen besser kontrollieren und regulieren.

Die Atmung zur emotionalen Regulation beinhaltet den Einsatz von bewussten, bewussten Atemmustern, um das autonome Nervensystem zu verändern, das die Stressreaktion unseres Körpers reguliert. Atemfokussierte Techniken können helfen, Ängste zu reduzieren, die Konzentration zu verbessern und Entspannung und emotionale Stabilität zu fördern.

Wichtige Atemtechniken für die emotionale Kontrolle

1. Zwerchfellatmung (Bauchatmung)

Ziel: Die Zwerchfellatmung hilft, den Parasympathikus zu aktivieren, was die Entspannung fördert und Stress abbaut.

Wie man es macht:

- ❖ Setzen oder legen Sie sich in eine bequeme Position. Lege eine Hand auf deine Brust und die andere auf deinen Bauch.
- ❖ Atmen Sie tief durch die Nase ein und lassen Sie Ihren Bauch anheben, während sich das Zwerchfell nach unten bewegt. Die Hand auf deinem Bauch sollte das Anheben spüren, während die Hand auf deiner Brust relativ ruhig bleiben sollte.
- ❖ Atmen Sie langsam durch den Mund aus und lassen Sie Ihren Bauch fallen. Streben Sie ein sanftes, gleichmäßiges Ausatmen an.
- ❖ Üben Sie dies 5-10 Minuten lang und konzentrieren Sie sich dabei auf tiefe, volle Atemzüge und einen entspannten Bauch.

2. Box-Atmung (Quadratatmung)

Zweck: Die Boxatmung ist eine strukturierte Atemtechnik, die hilft, den Geist zu beruhigen, die Konzentration zu verbessern und Ängste abzubauen.

Wie man es macht:

- ❖ Sitzen oder stehen Sie bequem mit geradem Rücken.

- ❖ Atme tief durch die Nase ein und zähle bis vier.

- ❖ Halten Sie den Atem an, bis vier zu zählen.

- ❖ Atme langsam durch den Mund aus, zähle bis vier.

- ❖ Halten Sie inne und halten Sie den Atem an, um noch einmal bis vier zu zählen.

- ❖ Wiederholen Sie diesen Zyklus für 3-5 Minuten und behalten Sie dabei ein gleichmäßiges, rhythmisches Muster bei.

3. 4-7-8 Atmung

Ziel: Diese Technik hilft, die Entspannung zu fördern und Stress zu bewältigen, indem sie die Ausatemphase verlängert, die das parasympathische Nervensystem auslöst.

<u>Wie man es macht:</u>

- ❖ Setzen oder legen Sie sich bequem hin.

- ❖ Atmen Sie leise durch die Nase ein, bis vier.

- ❖ Halten Sie den Atem an, bis sieben zu zählen.

- ❖ Atmen Sie vollständig und hörbar durch den Mund aus, bis Sie acht zählen.

- ❖ Schließe diesen Zyklus für 4-6 Runden ab und konzentriere dich dabei auf das ausgedehnte Ausatmen, um die Entspannung zu vertiefen.

4. Alternative Nasenatmung (Nadi Shodhana)

Zweck: Die abwechselnde Nasenlochatmung gleicht das Nervensystem aus, beruhigt den Geist und fördert ein Gefühl von Harmonie und Konzentration.

<u>Wie man es macht:</u>

35

* Sitzen Sie bequem mit gerader Wirbelsäule und entspannten Schultern.

* Verschließe mit deinem rechten Daumen dein rechtes Nasenloch.

* Atmen Sie tief und langsam durch Ihr linkes Nasenloch ein.

* Schließen Sie Ihr linkes Nasenloch mit dem rechten Ringfinger und lassen Sie Ihr rechtes Nasenloch los.

* Atmen Sie langsam durch Ihr rechtes Nasenloch aus.

* Atme durch dein rechtes Nasenloch ein und schließe es dann mit dem Daumen.

* Lassen Sie Ihr linkes Nasenloch los und atmen Sie durch die linke Seite aus.

* Setzen Sie diesen Zyklus 5-10 Minuten lang fort und behalten Sie dabei einen gleichmäßigen und ausgewogenen Rhythmus bei.

5. Löwen-Atem (Simhasana)

Zweck: Löwenauem hilft, aufgestaute Spannungen abzubauen, Stress abzubauen und die emotionale Klarheit zu verbessern.

<u>Wie man es macht:</u>

* Setzen Sie sich bequem mit gekreuzten Knien oder ausgestreckten Beinen vor sich.

* Lege deine Hände mit weit gespreizten Fingern auf deine Knie oder Oberschenkel.

* Atmen Sie tief durch die Nase ein und öffnen Sie dann den Mund weit.

* Strecken Sie Ihre Zunge heraus und atmen Sie kräftig aus, während Sie ein "Ha"-Geräusch von sich geben.

* Betonen Sie das Lösen von Atem und Gesichtsspannung.

* Wiederholen Sie dies für 5-7 Atemzüge und konzentrieren Sie sich dabei auf das Gefühl der Befreiung und Entspannung.

Atemtechniken in den Alltag integrieren

- Erstellen Sie eine Routine: Integrieren Sie diese Atemübungen in Ihren Alltag. Du könntest deinen Tag mit ein paar Minuten Zwerchfellatmung beginnen oder in Stresssituationen die Boxatmung anwenden.

- Verwenden Sie Atemtechniken nach Bedarf: Wenn Sie erhöhte Emotionen oder Stress erleben, halten Sie inne, um eine dieser Techniken zu üben. Dies kann dir helfen, dich zu zentrieren und deine emotionale Reaktion effektiver zu steuern.

- Kombinieren Sie mit anderen Übungen: Verbessern Sie die Vorteile von Atemtechniken, indem Sie sie mit anderen Stressbewältigungspraktiken wie Achtsamkeitsmeditation, Yoga oder progressiver Muskelentspannung kombinieren.

- Üben Sie regelmäßig: Die Wirksamkeit von Atemtechniken verbessert sich mit regelmäßiger Übung. Nehmen Sie sich jeden Tag Zeit, um diese Techniken zu üben, und beobachten Sie, wie sich Ihre emotionale Widerstandsfähigkeit und Ihr allgemeines Wohlbefinden im Laufe der Zeit verbessern.

- Passen Sie sich Ihren Bedürfnissen an: Unterschiedliche Techniken können für verschiedene Situationen besser funktionieren. Experimentieren Sie mit verschiedenen Methoden, um herauszufinden, was am besten zu Ihnen passt und zu Ihrem Lebensstil passt.

KAPITEL 5: SCHMERZ- UND ANGSTLINDERUNG

Gezielte Schwachstellen

Es ist üblich, sich überfordert zu fühlen, wenn es um die Schmerzbehandlung geht, insbesondere wenn die Beschwerden ein chronischer Kampf waren. Schmerzen können sich negativ auf Ihre Lebensqualität auswirken, unabhängig von ihrer Ursache, einer schlechten Körperhaltung, anhaltendem Stress oder einem Unfall. Was wäre jedoch, wenn Sie diese lästigen Schmerzpunkte auf natürliche Weise lindern könnten? Somatische Übungen können dabei helfen. Für einen Anfänger kann das Erkennen und Beheben tatsächlicher Schmerzpunkte transformativ sein.

Lassen Sie es uns auf klare und verständliche Weise analysieren. Denken Sie zunächst daran, dass Schmerz die Methode des Körpers ist, Sie auf etwas aufmerksam zu machen, das Ihre Aufmerksamkeit erfordert. Somatische Übungen zielen darauf ab, dieses Verlangen zu befriedigen, indem sie den Körper neu ausrichten und das neuronale System sanft zurücksetzen. Bei diesen Bewegungen geht es nicht darum, den Schmerz zu überwinden, sondern darum, sich auf ihn einzustimmen. Du lernst, auf deinen Körper zu hören und so die Verspannungen zu lösen, die sich in bestimmten Bereichen aufgebaut haben.

Hier erfahren Sie, wie neue Anfänger mit somatischen Übungen beginnen können, um ihre häufigsten Schmerzpunkte zu bekämpfen:

1. Linderung von Nacken- und SchulterschmerzenViele von uns haben Verspannungen in unseren Schultern und Nacken, was zu Steifheit und Schmerzen führt. Dieser Stress mag wie eine nicht enden wollende Last erscheinen, sei es durch eine schlechte Körperhaltung, die Verwendung von Elektronik oder die Arbeit am Schreibtisch. Das Geheimnis für Anfänger besteht darin, die

Ansammlung an diesen Stellen mit langsamen, bewussten Bewegungen freizusetzen.

Probieren Sie diese einfache somatische Übung aus:

➤ Wenn es dir hilft, dich zu konzentrieren, beginne damit, bequem zu sitzen und die Augen zu schließen.

➤ Spüre, wie sich die Muskeln in deinen Schultern dehnen und entspannen, während du sie langsam nach hinten rollst.

➤ Atmen Sie natürlich, während Sie sich bewegen, und achten Sie darauf, wie sich Ihre Muskeln anfühlen.

➤ Nach ein paar Runden drehst du die Bewegung um und rollst die Schultern nach vorne.

Das Ziel ist nicht, die Bewegung zu erzwingen, sondern das Bewusstsein dafür zu schärfen, wie sich dein Nacken und deine Schultern anfühlen. Wenn du bewusster wirst, wirst du ganz natürlich anfangen, Spannungen abzubauen.

2. Schmerzen im unteren RückenEine weitere typische Stelle, an der sich Beschwerden ansammeln, ist der untere Rücken, der manchmal durch langes Sitzen oder schlechte Hebetechniken verursacht wird. Für Anfänger ist es wichtig, sich auf leichte Übungen zu konzentrieren, die die Leichtigkeit und Flexibilität in diesem Bereich erhöhen.

Eine tolle Startbewegung zur Entlastung des unteren Rückens:

➤ Legen Sie sich mit den Füßen flach auf den Boden und den Knien flach auf den Rücken.

- Atmen Sie tief ein und drücken Sie dann beim Ausatmen sanft Ihren unteren Rücken auf den Boden. Lassen Sie bei jedem Ausatmen los und lassen Sie Ihre Wirbelsäule entspannen.

- Lassen Sie Ihren unteren Rücken beim anschließenden Einatmen auf natürliche Weise vom Boden weg wölben, aber nur so weit, wie es angenehm ist.

- Wiederhole diesen Vorgang mehrere Atemzüge lang vorsichtig und achte darauf, wie dein unterer Rücken reagiert.

Diese Bewegung hilft, die Wirbelsäule neu auszurichten und bringt die Muskeln, die durch längeres Sitzen oder Stehen oft angespannt sind, ins Gleichgewicht.

3. Hüft- und BeckenschmerzenIhre Beckenanomalien oder verspannten Muskeln können die Ursache für Ihre Hüftschmerzen sein. Diejenigen, die längere Zeit sitzen, sind besonders anfällig für dieses Unbehagen. Somatische Übungen, die die Hüftgelenke sanft mobilisieren und Verspannungen in der umliegenden Muskulatur lösen, sind für Anfänger von Vorteil.

Um Hüftschmerzen zu bekämpfen:

- Fassen Sie die Rückseite Ihres Beins zur Unterstützung und heben Sie ein Knie in Richtung Brust, während Sie auf dem Rücken liegen.

- Spüre die Bewegung und Drehung deines Hüftgelenks, während du dein Knie langsam in eine einzige Richtung drehst.

- Nach ein paar Runden kehrst du die Richtung um und häkelst am gegenüberliegenden Bein.

- Achte darauf, wie sich deine Hüften und dein Becken anfühlen, während du dich bewegst, und halte deine Bewegungen leicht und kontrolliert.

Diese Bewegung ist einfach, aber effektiv und hilft, Verspannungen in den Hüften und im unteren Rücken zu lösen.

4. AngstinduzierteAnspannungAngst betrifft mehr als nur den Intellekt; Es verursacht auch körperliche Belastung im Körper. Viele Neulinge sind schockiert, wenn sie hören, dass ihre Angst ihnen Schmerzen bereiten kann, insbesondere in der Brust und im Bauch. Somatische Übungen helfen Ihnen, diese Anspannung zu lösen, indem sie Ihr Nervensystem durch bewusste Bewegungen beruhigen.

Eine Erdungsübung zum Abbau von angstbedingten Spannungen:

- ➤ Legen Sie sich auf den Rücken und legen Sie Ihre Hände sanft auf Ihren Bauch, um zu beginnen.
- ➤ Schließe die Augen und achte auf deine Atmung. Spüren Sie, wie sich Ihr Bauch bei jeder Einatmung hebt und mit jedem Atemzug senkt.
- ➤ Stell dir vor, wie sich die Anspannung in deinem Körper mit jedem Ausatmen auflöst und alle Knoten in deinem Bauch oder deiner Brust lösen.
- ➤ Mache diese Übung einige Minuten lang und achte dabei darauf, wie sich dein Körper bei jedem Atemzug anfühlt.

Mit diesen leicht zu erlernenden Übungen kannst du dich auf die eigentlichen Schmerzbereiche konzentrieren und deine Beziehung zu deinem Körper stärken. Diese fokussierte Technik verbessert neben der Linderung körperlicher Leiden auch Ihr allgemeines Wohlbefinden. Denken Sie daran, dass der Weg zur Schmerzlinderung individuell und progressiv ist. Sie werden schließlich ein höheres Maß an Entspannung und Komfort erleben, wenn Sie auf Ihren Körper achten und sich konzentriert bewegen.

Lösen von Ängsten durch sanfte Bewegung

Sowohl Ihr Körper als auch Ihr Geist können durch Angstzustände negativ beeinflusst werden, die sich wie eine schwere Last anfühlen können. Sie intensiviert sich oft allmählich und erzeugt ein angespanntes und unbehagliches Gefühl, das man nur schwer loswerden kann. Glücklicherweise gibt es einen einfachen Ansatz, um die Sorgen des Körpers durch milde somatische Bewegungen zu lindern. Diese Übungen zielen im Gegensatz zu anstrengenderen Übungen auf die Entspannung des Nervensystems ab, um Ihnen zu helfen, Ihr Gleichgewicht und Ihre Entspannung wiederzufinden. Diese Methode ist ideal für Anfänger, da sie sanft und intuitiv ist und keine speziellen Werkzeuge oder hochentwickelten Fähigkeiten erfordert. Wie kann Mobilität also zur Linderung von Angstzuständen beitragen? Die natürliche Reaktion Ihres Körpers auf Stress, die Kampf-oder-Flucht-Reaktion, wird durch Angst ausgelöst. Obwohl diese Reaktion unter gefährlichen Umständen hilfreich sein kann, macht die ständige Angst Ihren Körper hyperwachsam. Deine Atmung wird flacher, deine Muskeln spannen sich an und dein Geist bleibt unruhig. Indem dieser Zyklus unterbrochen wird, hilft sanfte Bewegung Ihrem Nervensystem, von einem reaktiven in einen sicheren und entspannten Zustand überzugehen.

Die Kraft der atemgebundenen Bewegung

Die Verknüpfung Ihrer Bewegung mit Ihrer Atmung ist eine der besten Methoden, um Ängste loszulassen. Schnelles und flaches Atmen ist ein häufiges Symptom von Angstzuständen, die angespannte und panische Gefühle verschlimmern. Sie können Ihre Atmung kontrollieren und gleichzeitig Stress abbauen, indem Sie atemfokussierte Bewegungen ausführen.

1. Langsame, rhythmische Bewegungen, um den Geist zu beruhigen

Alles scheint schneller zu gehen, wenn du ängstlich bist: Dein Herz rast, dein Verstand rast und du wirst unruhig. Indem der Körper dem Gehirn anzeigt, dass alles in Ordnung ist, kann er den Geist dazu ermutigen, diesem Beispiel zu folgen, indem er seine Bewegungen verlangsamt.

2. Erdung des Körpers durch sanftes Dehnen

Es ist üblich, dass Sie sich durch Angstzustände von Ihrem Körper losgelöst fühlen. Eine hervorragende Technik, um dich zu erden und deinen Fokus wieder auf das Hier und Jetzt zu richten, ist das sanfte Dehnen. Der Parasympathikus, der durch Dehnung ausgelöst wird, reduziert die Kampf-oder-Flucht-Reaktion des Körpers.

3. Achtsames Gehen

Eine weitere effektive Methode, um Ängste durch Bewegung abzubauen, ist das achtsame Gehen. Es bedeutet, langsamer zu gehen, sich der Empfindungen des Körpers bewusst zu sein und die Bewegungen mit der Atmung zu koordinieren. Es ist eine sehr beruhigende Technik, die ideal für Neueinsteiger ist, die in der Stille nervös werden könnten.

4. Progressive Muskelentspannung (PMR)

Bei der PMR-Technik werden mehrere Muskelgruppen angespannt und anschließend gelöst. Dieses Verfahren hilft Ihnen, nervöse Empfindungen loszuwerden, indem es Ihrem Körper den Unterschied zwischen Anspannung und Entspannung beibringt.

Sie können Ihren Körper allmählich so umschulen, dass er besser auf Stress reagiert, indem Sie diese einfachen Bewegungen in Ihren Alltag integrieren. Diese Workouts sind großartig, weil sie nicht viel Zeit in Anspruch nehmen oder Vorkenntnisse erfordern. Wenn du dich wohler fühlst, kannst du dich von einem bescheidenen Ausgangspunkt aus allmählich steigern und dabei darauf achten, wie sich dein Körper anfühlt.

Du kannst Raum für Frieden und Ruhe schaffen, indem du durch achtsames Handeln Ängste aus deinem Körper und deinen Gedanken löst.

KAPITEL 6: ENTWICKLUNG EINER TÄGLICHEN SOMATISCHEN ROUTINE INNERHALB VON 14 TAGEN

10-minütige Morgenroutine

Eine regelmäßige somatische Praxis zu etablieren mag wie ein großes Unterfangen erscheinen, aber was wäre, wenn es jeden Morgen und Abend nur zehn Minuten dauern würde? Sie können eine unkomplizierte, produktive Gewohnheit schaffen, die Ihnen hilft, sich nachts zu entspannen und in nur 14 Tagen den Ton für den Rest des Tages anzugeben. Dass sich Ihr Körper gut anfühlt, ist das Hauptziel dieser Methode, die es vermeidet, sich mit schwierigen oder langwierigen Aktivitäten zu überfordern. Mit ein wenig Aufmerksamkeit werden Sie überrascht sein, wie viel Sie in so kurzer Zeit erreichen können. Beständigkeit, nicht Perfektion, ist der Schlüssel.

Schauen wir uns an, wie Sie diese Routinen erstellen und welche Vorteile sie für Ihre körperliche und geistige Gesundheit bieten können.

Die 10-minütige Morgenroutine

Sie haben die Chance, Ihren Körper am Morgen sanft zu wecken und einen positiven Ausblick auf den Tag zu etablieren. Sie können Ihre Muskeln revitalisieren, Ihren Geist beruhigen und jegliche Steifheit aus dem Schlaf entfernen, indem Sie nur 10 Minuten somatische Übungen einplanen.

So strukturierst du deine Morgenroutine:

- Erdung und Atembewusstsein (2 Minuten)

Nehmen Sie bequem Platz oder stehen Sie zuerst auf. Halte mit einer Hand deinen Bauch und mit der anderen deine Brust. Atmen Sie langsam und tief und lassen Sie Ihren Bauch mit jedem Ein- und Ausatmen heben und senken. Diese leichte Übung hilft dir, dich mental auf den nächsten Tag vorzubereiten, indem sie deinen Körper und Geist wachrüttelt.

- Nacken- und Schulterrollen (2 Minuten)

Viele von uns haben Schulter- und Nackenbeschwerden, wenn wir aufwachen. Neigen Sie Ihren Kopf langsam von einer Seite zur anderen, nachdem Sie Ihre Schultern sanft nach vorne und hinten gerollt haben. Spüren Sie, wie sich die Spannung löst und dehnt. Halte deine Aufmerksamkeit auf alle Bereiche, die besonders angespannt erscheinen, während du auf die Gefühle achtest.

- Sanfte Drehungen der Wirbelsäule (3 Minuten)

Drehen Sie Ihre Wirbelsäule entweder im Stehen oder Sitzen mit gekreuzten Beinen langsam auf eine Seite und halten Sie sie dort für ein paar Atemzüge, bevor Sie sich zur anderen bewegen. Diese sanften Drehungen fördern die Flexibilität und helfen, Ihre Wirbelsäule zu erwachen. Erwäge, jegliche Belastung in deinen Seiten oder im unteren Rücken loszulassen, während du dich drehst.

- Bein- und Hüftdehnungen (3 Minuten)

Strecken Sie Ihre Hüften und Beine am Ende Ihrer Übung ein wenig. Dies kann so einfach sein wie das Vorwärtsklappen aus dem Stehen, das Dehnen der Kniesehne oder das Heranziehen eines Beins zur Brust im Sitzen. Diese Übung hilft deinem Unterkörper, im Gleichgewicht zu bleiben und erhöht die Durchblutung.

Die 10-minütige Abendroutine

Ziel des Abends ist es, sich zu entspannen und den Stress, der sich im Laufe des Tages aufgebaut hat, abzubauen. Sie können Ihren Körper und Geist vor dem Schlafengehen mit einer 10-minütigen nächtlichen Routine beruhigen, die Ihnen helfen kann, von einem geschäftigen Tag zu einer erholsamen Nacht zu gelangen.

So strukturierst du deine Abendroutine:

- Ganzkörperscan und Entspannung (2 Minuten)

Legen Sie sich entweder hin oder nehmen Sie bequem Platz. Schließen Sie die Augen und atmen Sie so oft wie möglich tief ein. Untersuche deinen Körper langsam und arbeite dich von deinen Füßen bis zu deinem Kopf hoch. Identifiziere verspannte Stellen und löse sie bewusst. Jetzt ist es an der Zeit, sich mit den letzten Gefühlen Ihres Körpers des Tages zu verbinden.

- Progressive Muskelentspannung (3 Minuten)

Beginnen Sie damit, verschiedene Muskelgruppen anzuspannen und zu entspannen. Machen Sie ein paar Schritte nach vorne, stellen Sie Ihre Füße auf und lassen Sie dann los. Fahren Sie durch Ihre Arme, Beine, Bauch, Brust und Gesicht nach oben. Diese Übung hilft Ihrem Körper, sich auszuruhen und körperliche Verspannungen zu lösen.

- Dehnung der Hüfte und des unteren Rückens (3 Minuten)

Viele enden am Ende des Tages mit verspannten Hüften und unterem Rücken. Lege ein Knie sanft an deine Brust, während du auf dem Rücken liegst, und halte es dort für ein paar Atemzüge. Fahren Sie mit dem gegenüberliegenden Bein fort. Diese Dehnung erhöht den Bewegungsumfang und löst Verspannungen im unteren Rücken.

- Achtsames Atmen und Loslassen (2 Minuten)

Atmen Sie tief und achtsam ein, während Sie die Routine beenden. Atmen Sie allmählich durch die Nase ein und dann durch den Mund aus. Konzentriere dich darauf, die Anspannung in deinem Körper und Geist loszulassen, die sich im Laufe des Tages aufgebaut hat, während du atmest. Lassen Sie vor dem Schlafengehen alle Sorgen und unerledigten Aufgaben los.

In nur 14 Tagen körperfit werden

Diese schnellen, konzentrierten Übungen können dein körperliches und emotionales Wohlbefinden deutlich verbessern, wenn du sie über einen Zeitraum von 14 Tagen in deinen Alltag einbaust. So behalten Sie dieses Verhalten bei:

- **Nehmen Sie sich Zeit**

Legen Sie einen regelmäßigen Zeitplan für Ihre nächtlichen und morgendlichen Rituale fest. Wählen Sie einfach einen Zeitrahmen, der für Sie geeignet ist. Es muss nicht streng sein. Sie können morgens aufstehen oder kurz vor dem Abend ins Bett gehen.

- **Klein anfangen**

Machen Sie sich keinen Stress, bei jedem Schritt fehlerfrei zu sein. Das Wichtigste ist, einfach aufzutauchen und jeden Tag sein Bestes zu geben. Die Bewegungen werden im Laufe der Zeit immer intuitiver und Sie werden sich mehr als Teil des Prozesses fühlen.

- **Bleiben Sie achtsam**

Konzentriere dich darauf, wie sich dein Körper bei jeder Bewegung anfühlt. Anstatt die Übungen zu überstürzen, geben Sie sich die Erlaubnis, langsamer zu werden. Diese Achtsamkeit ist es, die somatische Übungen so kraftvoll macht, da sie es dir ermöglicht, die Auswirkungen auf deinen Körper wirklich zu erleben.

- **Verfolgen Sie Ihren Fortschritt**

Erwäge, ein kleines Tagebuch zu führen, in dem du notierst, wie du dich nach jeder Routine fühlst. Dies wird Sie nicht nur motivieren, sondern Ihnen auch helfen zu erkennen, wie sich diese 10-minütigen Übungen positiv auf Ihr allgemeines Wohlbefinden auswirken.

Entspannung am Ende des Tages

Es ist wichtig, dass Sie Ihrem Körper und Geist erlauben, sich am Ende des Tages wirklich zu entspannen. Eine gute Entspannungstechnik am Ende des Tages hilft Ihnen, sich zu entspannen, Verspannungen zu lösen und sich auf einen erholsamen Schlaf vorzubereiten. Für Anfänger muss es nicht schwierig oder zeitaufwändig sein, eine schnelle und einfache somatische Praxis zu entwickeln, die eine tiefe Entspannung fördert. Tatsächlich kann die Art und Weise, wie Sie nach einem hektischen Tag zur Ruhe kommen, viel verbessert werden, wenn Sie ein paar Minuten für bewusstes, nachdenkliches Atmen und sanfte Bewegungen aufwenden.

Warum Entspannung am Ende des Tages wichtig ist

Ihr Körper baut im Laufe des Tages Spannungen durch körperliche Anstrengung, Stress und emotionale Schwierigkeiten auf. Diese Anspannung kann sich ohne angemessene Entspannung ansammeln, was Ihr allgemeines Wohlbefinden und die Qualität Ihres Schlafes beeinträchtigen kann. Die Etablierung einer fokussierten Abendroutine erleichtert den Übergang Ihres Nervensystems von einem wachen in einen entspannten Zustand und fördert so einen erholsamen Schlaf.

Sie können Ihrem Körper sagen, wann es Zeit ist, sich zu entspannen, indem Sie sich auf langsames, bewusstes Atmen und Bewegungen konzentrieren, was die Tür zu tiefer Entspannung öffnet. Für Anfänger ist es wichtiger, Bewegungen zu finden, die beim Lösen von Verspannungen helfen, als anstrengende Dehnübungen oder Workouts zu machen.

So erstellen Sie eine Entspannungsroutine am Ende des Tages

Hier ist eine Schritt-für-Schritt-Anleitung zur Entwicklung einer effektiven Entspannungspraxis am Ende des Tages, die in nur 10-15 Minuten abgeschlossen werden kann. Diese Routine wurde entwickelt, um den Körper zu entspannen, den Geist zu beruhigen und Sie auf eine erholsame Nacht vorzubereiten.

1. Stellen Sie die Stimmung ein (1-2 Minuten)

Beginnen Sie damit, eine friedliche Atmosphäre zu schaffen. Reduzieren Sie die Helligkeit, schalten Sie entspannende Musik ein und suchen Sie sich ein gemütliches Plätzchen, an dem Sie nicht gestört werden. Um Körper und Geist auf die Entspannung vorzubereiten, ist es wichtig, die Stimmung einzustellen. Zusätzlich können Sie beruhigende Aromen wie Kamille oder Lavendel hinzufügen.

2. Erdung und Zentrierung (2 Minuten)

Finden Sie zunächst eine bequeme Haltung, um bequem zu sitzen oder zu liegen. Schließen Sie die Augen und atmen Sie viele Male tief ein. Achte darauf, wie du dich mit der Erde verbunden fühlst, egal ob es sich um dein Bett oder den Boden handelt. Lass deinen Körper schwer werden, während du die Unterstützung unter ihm spürst. Es ist Zeit für dich, dich von der Außenwelt in deinen eigenen Raum zu begeben.

Behalten Sie Ihre Atmung genau im Auge und visualisieren Sie, wie Sie mit jedem Ausatmen die Ereignisse des Tages loslassen. Alles, was dir noch in den Gedanken herumschwirrt, lass los.

3. Verspannungen lösen mit sanften Dehnungen (4-5 Minuten)

Um körperliche Verspannungen zu lösen, konzentriere dich auf sanfte Dehnübungen, die auf Bereiche abzielen, die häufig vom täglichen Stress betroffen sind, wie Nacken, Schultern und unterer Rücken.

- Dehnung des Nackens:

Strecken Sie die Seite Ihres Nackens, indem Sie Ihren Kopf sanft zur Seite neigen. Nach ein paar Atemzügen des Haltens wechselst du die Seite. Das entlastet den Nacken durch langes Sitzen oder Arbeiten.

- Schulterrollen:

Rollen Sie rücksichtsvoll und langsam die Schultern im Kreis. Rollen Sie sie ein paar Mal nach vorne und dann nach hinten, indem Sie in die andere Richtung gehen. Spüren Sie bei jeder Bewegung, wie sich die Muskeln im oberen Rücken und Nacken entspannen.

- Verdrehung der Wirbelsäule:

Atmen Sie ein paar Mal tief ein und drehen Sie Ihre Wirbelsäule langsam zur Seite, während Sie sitzen oder liegen. Löse dann die Dehnung und wiederhole den Vorgang auf der anderen Seite. Diese leichte Drehung ist ideal, um sich nach einem anstrengenden Tag zu entspannen, da sie den unteren Rücken und die Wirbelsäule entlastet.

- Beindehnung:

Spüren Sie die Belastung in Ihren Waden und Oberschenkeln, während Sie Ihre Beine strecken und Ihren Fuß zeigen und beugen. Alternativ kannst du ein Knie an deine Brust heben und dort für ein paar Atemzüge halten, bevor du es wieder senkst. Dies hilft dabei, Verspannungen zu lösen, die sich nach längerem Sitzen in den Beinen und Hüften aufbauen.

4. Achtsames Atmen und Bodyscan (3 Minuten)

Legen Sie sich hin oder sitzen Sie bequem und schließen Sie die Augen. Beginne damit, dich auf deinen Atem zu konzentrieren. Atmen Sie tief durch die Nase ein, füllen Sie Ihre

Lungen vollständig und atmen Sie dann langsam durch den Mund aus. Während du atmest, richte dein Bewusstsein auf jeden Teil deines Körpers, beginnend bei deinen Zehen und bis zum Scheitel deines Kopfes.

- Während du jeden Bereich mental scannst, achte darauf, ob es irgendwelche Spannungen oder Verspannungen gibt.
- Stellen Sie sich vor, wie sich die Anspannung mit jedem Ausatmen löst und Ihre Muskeln entspannt und entspannt zurückbleiben.
- Dieser achtsame Atem- und Körperscan hilft, sowohl Ihren Geist als auch Ihren Körper zu beruhigen, sodass Sie den Stress des Tages loslassen und sich auf den Schlaf vorbereiten können.

5. Progressive Muskelentspannung (3 Minuten)

Die Progressive Muskelentspannung (PMR) ist eine wirksame Methode zum Abbau von chronischem Stress. Beginnen Sie damit, eine bestimmte Muskelgruppe, wie z. B. Ihre Hände oder Füße, anzuspannen, halten Sie sie eine Weile und lassen Sie sie dann beim Ausatmen los. Spannen und lockern Sie jede Muskelgruppe, während Sie sich von den Füßen zum Kopf bewegen. Indem Sie Ihrem Körper beibringen, zwischen Anspannung und Entspannung zu unterscheiden, wird diese Praxis Ihre Fähigkeit zum Stressabbau verbessern.

6. Abschluss mit Dankbarkeit (1 Minute)

Nimm dir Zeit, um an alles zurückzudenken, wofür du im Laufe des Tages dankbar warst, während du deine Routine abschließt. Sei dankbar für die Fähigkeit, deine Perspektive von einer der Anspannung zu einer der Wertschätzung zu ändern, besonders vor dem

Schlafengehen. Das kann etwas so Einfaches sein wie ein nettes Gespräch, etwas Ruhe zu finden oder einfach nur daran zu denken, sich um sich selbst zu kümmern.

SCHLUSSFOLGERUNG

Sie haben in nur 14 Tagen neue Methoden kennengelernt, um sich mit Ihrem Körper und der Wirksamkeit von somatischen Übungen bei der Linderung von Schmerzen, Stress und Ängsten zu verbinden. Sie haben jetzt die notwendigen Fähigkeiten, um auf Ihren Körper zu achten, Stress loszulassen und dank dieser sanften Bewegungen ein tieferes Gefühl der Ruhe zu entwickeln. Erinnern Sie sich daran, dass dies eine kontinuierliche Reise ist. Jede Praxis baut auf der vorherigen auf und hilft dir, dir deiner Bedürfnisse bewusster zu werden und dich in deiner Fähigkeit zur inneren Heilung zu stärken. Atmen Sie weiter, bewegen Sie sich und stellen Sie Ihre Verbindung zu sich selbst wieder her. Ihr Geist und Ihr Körper werden es zu schätzen wissen.